W0202317

Le sac à main

La publication de cet ouvrage a donné lieu à un tirage de tête
numéroté de 001 à 100, sous couverture semi-souple toilée
avec coins arrondis et pictogramme estampé.
Chaque exemplaire est signé par les auteurs.

Un tirage hors commerce numéroté de I à XXV
est réservé aux éditeurs et auteurs.

Marie Desplechin

Le sac à main

roman

Éric Lambé

« Carnets Littéraires »

ESTUAIRE

Cet ouvrage a bénéficié du soutien du fonds d'aide à l'édition
de la Communauté française de Belgique

Texte
Marie Desplechin

Images
Éric Lambé

Graphisme
Delights sprl

ISBN 2-87443-002-1

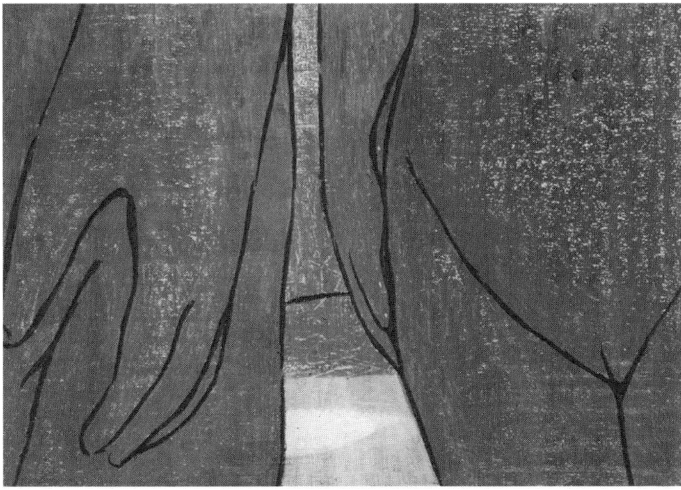

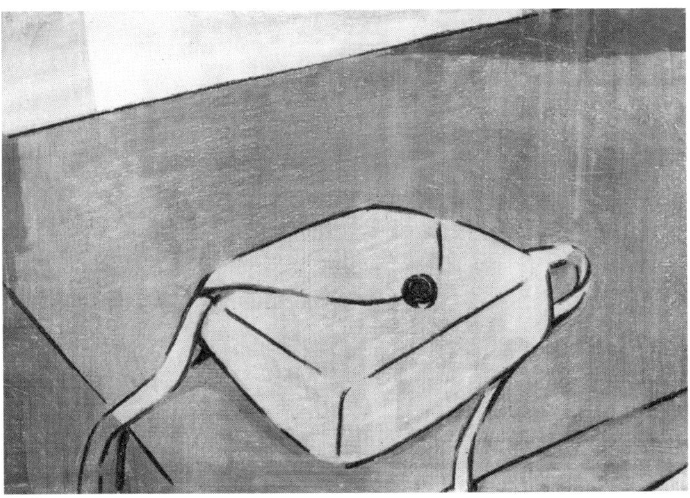

DOROTHÉE

Un bâton de rouge à lèvres

C'était un samedi après-midi. Des femmes maquillées portaient à bout de bras des sacs griffés. Elles allaient avec précision, gréées sur leurs jambes aiguës, elles naviguaient entre la foule et les voitures. Elles connaissaient leur direction, elles avaient un cap et un port. Leurs visages habillés semblaient plus heureux que le mien. Je rêvais de leur ressembler. J'ai pensé que je pouvais acheter un bâton de rouge à lèvres. Pour commencer. Je suis entrée dans une grande surface spécialisée. J'ai cherché une vendeuse qui puisse me conseiller le choix d'une nuance. J'ai fini par trouver une petite femme livide qui se cachait derrière un présentoir. Elle m'a mis dans la main un échantillon de démonstration.

– À votre âge, a-t-elle dit très vite, il faut taper dans les couleurs favorables.

J'ai beaucoup aimé le mot « favorable ». J'ai patienté un quart d'heure à la caisse. Quand la caissière m'a annoncé le prix, j'ai pensé qu'elle faisait une erreur. Mais c'était le prix et je l'ai payé. Le soir, j'ai posé une couche de rouge orangé sur mes lèvres. Ma bouche est devenue instantanément très laide. Elle a perdu sa couleur de bouche, elle ne ressemblait plus du tout à l'idée qu'on se fait de la bouche qui parle et de celle qui embrasse. J'ai rangé le bâton dans la trousse de toilette qui prend la poussière sur l'étagère de la salle de bains. Quelques semaines plus tard, je l'ai pris, mis dans ma poche, et posé sur une poubelle, dans la rue. Je ne voulais plus penser au prix qu'il m'avait coûté.

Le bâton qui est dans mon sac a appartenu à ma sœur. Il reposait sur l'étagère du lavabo, dans la salle de bains, un soir que je dînais chez elle. Je l'ai ouvert. J'ai tout de suite aimé son boîtier. J'ai essayé sa couleur, bleutée dans la lumière du néon. Posée sur mes lèvres, elle ne colorait pas grand-chose. Mais elle brillait légèrement, avec des reflets prune. Ma bouche paraissait soudain soignée et mélancolique.

– Si tu l'aimes, tu le prends, a dit ma sœur en constatant la nouvelle couleur de mes lèvres. Je ne l'utilise pas. Il est triste et il ne tient pas.

– Merci, ai-je fait avec simplicité (je ne voulais pas marquer trop d'enthousiasme pour un objet qu'elle dépréciait).

J'étais en réalité très contente. Ma soeur me donne parfois des vêtements qu'elle ne porte plus, des parfums dont elle s'est fatiguée, un bijou au contact duquel elle est allergique. Je préfère les objets qu'on me donne aux objets que j'achète. Ils me semblent mieux choisis, ils me semblent plus désirables.

Plus tard, une jeune femme brune a levé son verre à ma sœur, dont elle honorait l'hospitalité. Elle était saoule. Mais nous avions tous bu et – à l'exception de ma sœur que je sentais embarrassée – personne ne lui en tenait rigueur. Elle portait un coloris très vif, un vermillon qui débordait le tracé de ses lèvres fines. Ce débordement m'a inquiétée toute la soirée. J'ai pensé qu'elle faisait son possible pour que quelqu'un la voie et souhaite toucher ses lèvres. Mais j'étais convaincue que rien de bon ne pouvait venir d'un désir si brutalement exposé. Un mois après ce dîner, ma sœur m'a appris que cette jeune femme avait été hospitalisée après une absorption massive de tranquillisants. Je me suis dit qu'il ne fallait pas laisser déborder le vermillon, que c'était une très mauvaise stratégie.

Je me sers rarement de ce rouge à lèvres. Au train où nous allons tous les deux, nous serons encore ensemble dans dix ans. Il sera alors probablement sec et cassant. Comme je le serai, j'imagine, si je ne fais pas plus attention à mon enveloppe. Mais plus probablement encore, j'aurai perdu mon sac et tout ce qu'il contient. J'aurai ce sentiment familier d'être à la fois libre et dépossédée. Je serai débarrassée de tout ce fatras, et de toutes les pensées encombrantes qui l'accompagnent. Que je perde un objet ou qu'il me soit volé, je n'en ressens pas de désolation. Je crains l'évanouissement des êtres. Les choses m'abandonnent sans grand dommage.

Un trousseau de clés

Je ne perds plus mes clés. Je les égare parfois, dans l'appartement, et je les cherche fébrilement à l'heure de sortir. Le plus souvent, elles sont en évidence, posées sur un tas de courrier, à côté du téléphone, dans la poche de ma veste. Mais je ne les vois pas. Je m'affole, il m'arrive d'avoir les larmes aux yeux. À la fin, je prie saint Antoine de Padoue qui siège dans la cuisine. Il a longtemps pris la forme d'une minuscule statuette de plastique, réchappée d'une boule à neige achetée à Lisbonne. La boule s'est fendue, l'eau a coulé sur le plancher, abandonnant dans les rainures ses flocons de polyester. J'ai délicatement détaché saint Antoine de son socle, je l'ai sorti de ce qui restait du globe et je l'ai installé sur le micro-ondes. Il a fini par disparaître, il a glissé derrière l'appareil, il a été balayé par madame Labret, on ne sait pas. Je l'ai remplacé par une bougie à son effigie, achetée à Notre-Dame-de-Fourvière, dans la boutique qui voisine la basilique. Saint Antoine porte les cheveux longs et il tient un grand lys. Je l'invoque en répétant la rengaine : « Saint Antoine de Padoue, grand voleur, grand filou, rendez ce qui n'est pas à vous. » Je finis par retrouver mes clés.

Mes clés. Moi qui les perdais sans cesse autrefois. Je les perdais à l'extérieur de chez moi, et je restais le soir venu sur le seuil de ma porte fermée. Cette période a duré des années, les années de ma jeunesse. Par bonheur, ma jeunesse a fini par passer. J'ai trouvé dans l'existence des espaces habitables. Je vais de l'un à l'autre. Je garde mes clés sur moi.

La grosse clé plate sert à ouvrir la serrure de la porte blindée. J'ai fait poser, l'été dernier, un peu plus bas sur la porte, une serrure de sécurité dont je ne me sers jamais. Mais je préfère garder la clé sur mon trousseau. On ne sait jamais. Elle est petite, ce qui me semble normal pour une clé annexe, et d'une sinistre couleur sang. La dernière des clés, la plus petite, sert à ouvrir la boîte aux lettres.

L'anneau qui tient mes clés toutes ensemble est tout ce qui reste d'un porte-clés ramené de mon premier voyage au Liban. Dans son état original, il comportait une boule de terre émaillée de bleu (de la taille d'une noisette) et une petite pièce ronde en laiton frappée d'un cèdre.

Il s'est usé et démantibulé au fond de mon sac. Les breloques ont disparu. Chaque fois que je sors les clés et que je vois l'anneau, je pense au Liban. Je pense au Liban chaque jour. Mais faudrait-il aimer le Liban plus que la Syrie, plus que l'Égypte, plus que n'importe quoi ? Je devrais accepter d'en finir. Je devrais acheter un porte-clés à Lisbonne. À Copenhague. Ou devant le Trocadéro.

Un bon de commande

En découpant le bas de cette page (suivant le liséré tracé en pointillé), à condition d'y inscrire mes coordonnées postales et d'y adjoindre le règlement demandé, je me ferai adresser un manuel mis à jour et trois cahiers d'exercices – avec les corrigés. Je renouvelle régulièrement mon matériel pédagogique. J'enseigne la langue française aux étrangers. Pour formuler les choses exactement : je suis professeur de « français langue étrangère ». Du jour où j'ai découvert l'intitulé de cette discipline, au terme d'un cursus universitaire assez terne, j'ai considéré que j'avais trouvé la carrière qui me convenait. Elle ne convenait pas tant pour le confort matériel qu'elle m'apporterait. Ni pour la certitude à peu près établie que je ne chômerais pas. Ni même par un vague goût que j'aurais eu de commercer avec les « étrangers ». Elle me convenait par l'ordre des mots magiquement agencés : « français langue étrangère ». Ils me résumaient. Il en est de la langue comme de toutes les règles qui nous autorisent à vivre en société : aucune ne m'a été donnée, j'ai le souvenir de les avoir apprises, une à une, au fil des années. Ma vie n'a été qu'un interminable effort d'intégration à la vie. Il m'est apparu assez tôt que, où que je sois dans le monde, j'y serais de passage, invitée, et tenue à une bonne conduite. Cette conviction n'a pas eu que des inconvénients. On n'est jamais natif que d'un seul pays, tandis qu'étranger, on peut l'être partout. J'avais passé tant de temps à me sentir interdite d'établissement… Et mon errance, soudain, se transformait en statut. « Français langue étrangère », je venais de trouver ma place : nulle part.

J'ai fait mes preuves. J'ai élaboré des méthodes, obtenu des résultats. J'ai été encouragée à les transmettre. Moi que les voyages n'intéressaient pas tellement, j'ai été invitée partout où le français s'enseigne. Je suis devenue une habituée des tournées de la francophonie. J'ai fini par entretenir des liens privilégiés avec les pays du Maghreb, puis avec ceux du Moyen-Orient. Trois à quatre fois par an, j'ai pris des avions, posé ma valise dans des hôtels. J'ai appris de nouveaux codes, rencontré de nouveaux amis, fréquenté de nouvelles familles. J'ai appris à m'organiser. J'étais partout comme chez moi.

Une liste de courses pliée en quatre

J'ai deux vies. Quand je ne suis pas en mission à l'étranger, je passe mon temps à Paris. J'y fais les courses tous les jours. Deux fois par semaine environ, je fais de grosses courses. Le plus souvent, à un moment ou à un autre de la journée, dans le métro, dans la cuisine avant de sortir, sur le bar où je bois un café, je note ce qui me manque au dos d'une enveloppe, sur un Post-It ou sur un quart de feuille blanche. Les listes peuvent êtres thématiques : Antical, ammoniaque, eau déminéralisée (pour madame Labret) ; patates douces, graines de coriandre, safran, six tomates (je reçois des amis) ; dentifrice, savon, vitamine C, Doliprane enfant 300 mg (je passe à la pharmacie). Je peux mener l'inventaire dans le désordre : du beurre, un mètre de ruban élastique, un petit répertoire, une salade verte, des pommes vertes croquantes, dix timbres. Je prévois alors un itinéraire qui me conduira sans détour à l'épicerie, à la mercerie, chez le primeur, à la Poste puis chez moi. Ou alors je décide de passer au supermarché. Si je veux nous assurer un minimum de confort, il est impératif de faire les courses tous les jours. Dans l'ensemble, c'est une tâche qui ne me déplaît pas. Certains jours, j'essaie d'imaginer ce que serait ma vie si je n'étais pas aussi cette personne qui fait les courses. Si j'étais une personne totalement seule et toujours libre de son emploi du temps. Je serais probablement comme un ballon privé de lest. Il suffirait d'un coup de vent pour m'emporter. L'écart entre mes deux existences est si considérable que je ne m'attarde jamais très longtemps. Je préfère calculer le salaire que je toucherais si ces heures de courses étaient comptabilisées et rémunérées. Ensuite, je me demande si les bras finissent par s'allonger à force de porter des sacs en plastique pleins de patates et de bidons de lessive. Si c'est le cas, je suis en train de me transformer en chimpanzé.

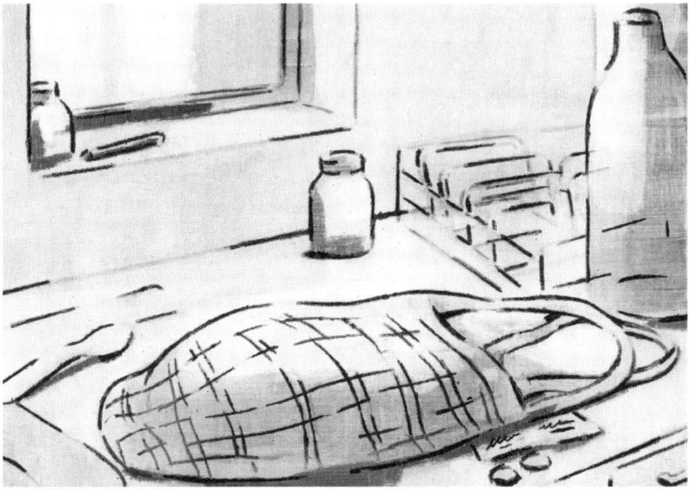

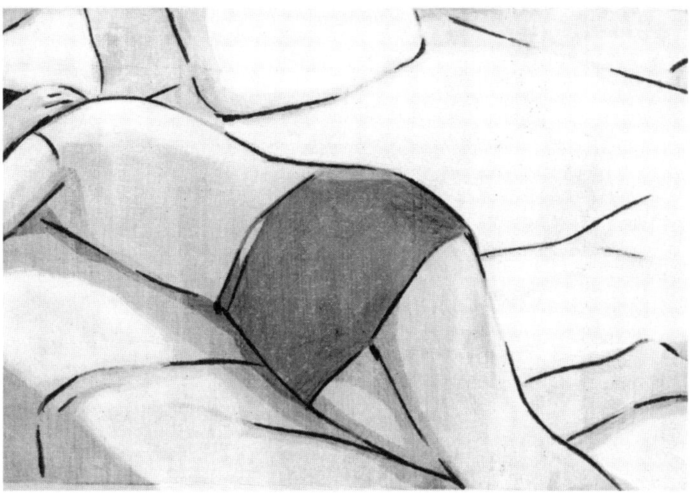

Une pierre lisse et trouée

J'ai ramassé cette pierre sur une plage l'été dernier, à Elseneur. Elle est lisse à l'œil et douce aux doigts. En dépit de sa taille réduite, elle pèse lourd. Quand on la prend dans la main, on éprouve une surprise délicieuse et fugace. Le rapport entre la forme de la pierre et son poids est pour ainsi dire idéal. Sur la plage, j'ai fait le projet de l'attacher par un ruban à mon anneau porte-clés. Ainsi amélioré, il serait facile à retrouver au fond de mon sac.

comment sont les plages du Liban ?

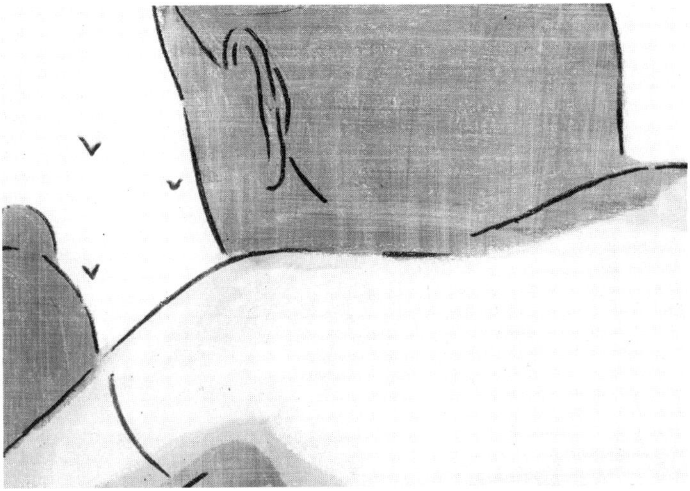

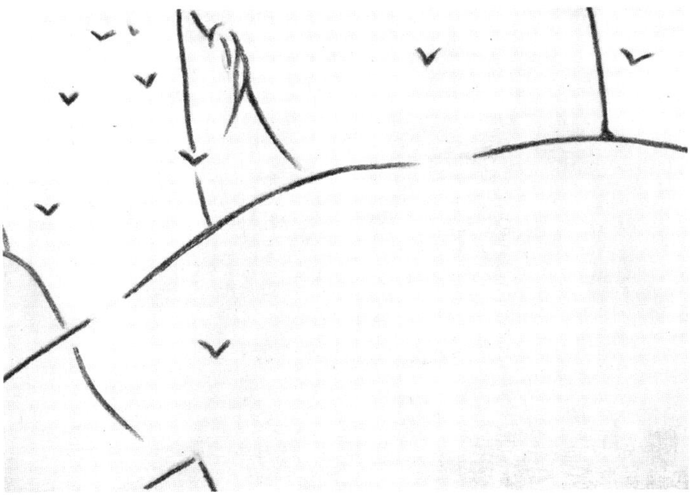

J'aurais le plaisir de toucher la pierre plusieurs fois par jour et d'en éprouver le poids. Dernier avantage, et de taille, je cesserais peut-être de penser quotidiennement au Liban. Je penserais à la Baltique. En temps ordinaire, je fais de nombreux projets, de toutes envergures, à longueur de journée. Des projets d'ordre littéraire, culinaire, des projets d'aménagement de mon cadre de vie, des projets d'apprentissage de langues et des projets éthiques (entre autres). Rares sont ceux qui aboutissent. Mais je garde la trace de tous, sous forme de notes, de matériel, d'épices et de méthodes. Tout cela est éparpillé et dépourvu d'un sens apparent. Mais je sais, moi, à quoi m'en tenir. Je conserve donc cette pierre dans mon sac. Je m'interroge sur le trou qui la perce au milieu. Remonte-t-il à l'époque très ancienne où cette pierre a été formée (des laves incandescentes descendent en sifflant vers la mer) ? Est-il l'œuvre plus récente d'un animal marin, un gastéropode sans conscience assez obstiné pour trouer une pierre de cette densité ? Dans un cas comme dans l'autre, je transporte avec moi un presque-être énigmatique, une source confuse et continue d'émerveillement.

Un carnet d'adresses noir presque neuf (qui ferme avec un élastique)

Il y a quatre ans, on ne trouvait ces carnets que dans quelques papeteries. Ils étaient encore anonymes. Ces carnets offrent des avantages majeurs : format, couleur du lignage, couverture épaisse et solide, élastique qui empêche le carnet de s'écraser au fond du sac. Pour moi, c'est une amie journaliste qui m'avait offert le premier, au motif que Nicolas Bouvier se servait de cette marque.

Le plaisir d'utiliser ces carnets s'est évanoui le jour où le fabricant s'est avisé de ce que nous savions et a décidé de multiplier ses ventes. C'était de bonne guerre. On les trouve désormais dans tous les supermarchés, agrémentés d'un bandeau de couleur qui énumère, après ceux de Bruce Chatwyn et d'Ernest Hemingway, les noms de ses utilisateurs célèbres (ils sont ridiculement nombreux), et suggère que l'acheteur peut à son tour se compter dans la liste. L'agrément qu'il y avait à posséder cet objet s'est transformé en gêne. Malheureusement, ces carnets restent de vrais bons carnets et leurs qualités suffisent à en justifier l'achat.

Je garde à l'esprit que ces carnets peuvent être perdus, volés, lus par d'autres que moi. J'y dépose le quotidien, mais je n'y laisse rien de préjudiciable. Ma mémoire, que j'ai disciplinée, enregistre ce qui n'est pas écrit. Avec un peu d'exercice, on n'a plus besoin de notes pour archiver le souvenir.

Mes carnets de notes sont vite remplis. Je m'étonne parfois que le compte-rendu de tout ce qui est anodin, quotidien, transmissible, occupe une telle place. L'exceptionnel ne demande pas tant de mots. Il est rare et bref.

Ce carnet relativement neuf est un répertoire. Il n'a pas plus de deux ans. J'ai dû procéder à ce travail pénible qui consiste à reporter les adresses de l'ancien carnet dans le nouveau, en éliminant au passage les coordonnées qui ne servent jamais, celles des importuns et celles des disparus.

J'ai opéré dans un esprit de tristesse et d'économie : pas plus de cinq adresses par lettre. Les nouveaux venus ont été invités à laisser leurs coordonnées sur des papiers volants que je glisse dans la pochette insérée dans la couverture. Ainsi, je peux m'en débarrasser facilement. Le résultat est le suivant : mon répertoire ne comprend que les adresses que je connais par cœur et fait cruellement défaut pour toutes les autres. Je suis sans cesse à la recherche de coordonnées égarées. Je constate à l'occasion que je cherche rarement à joindre ceux qui me sont chers, au profit de ceux qui ne me sont pas grand-chose. Aussi, je pense à réviser ma position. Je suis presque résolue à faire entrer n'importe qui dans mon carnet. Je suppose avec découragement que Nicolas Bouvier devait se montrer plus sélectif.

Un vieux répertoire Clairefontaine, pages maculées, couverture arrachée

Je suis comme un empire fait de principautés rivales. Pas de fédération chez moi, mais un désordre de pièces capricieuses et volontiers dissidentes. J'ai eu, longtemps, le souci de m'améliorer. En vain. J'ai donc cessé de me battre pour m'imposer un ordre. J'ai pris mon parti de balancer. Selon ce que j'entreprends, une partie de moi s'efforce d'oublier, tandis que l'autre s'entête à archiver.

Ce vieux carnet a longtemps patienté au fond d'un tiroir, enterré sous une pile de talons de chéquiers. Tout compte fait, je me félicite de ne l'avoir pas jeté. Après la mise en service de mon nouveau carnet, je l'ai exhumé si souvent que j'ai fini par le sortir définitivement de sa retraite. Je l'ai fourré dans mon sac. Avec l'autre. Il se déglingue peu à peu, il finit de s'éparpiller. De nombreuses adresses sont caduques. J'ai perdu de vue un certain nombre de ceux qui y figurent, et perdu pour de bon un certain nombre d'autres. N'empêche. Il m'est bien utile. Il voisine avec le nouveau. J'imagine parfois que les adresses vont passer de l'un à l'autre. Par télégraphie. Par capillarité.

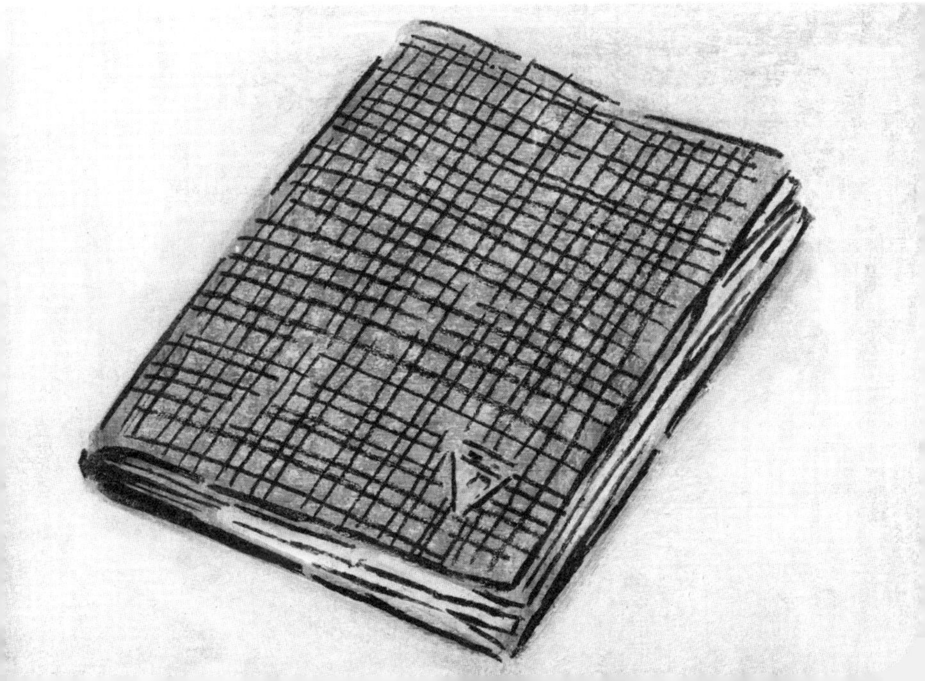

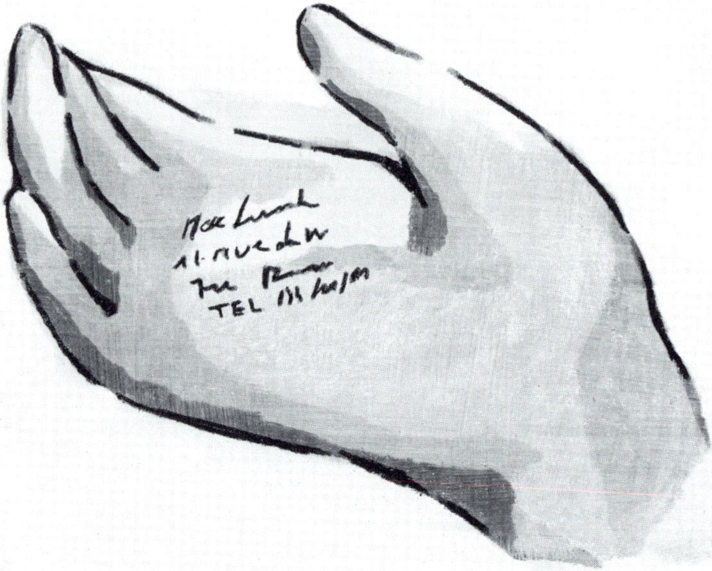

Une adresse sur une feuille volante arrachée à un cahier

Je n'ai aucune intention de revoir cette personne. Mais est-ce qu'on refuse son adresse à qui vous la met dans les mains ? J'ai dit : « Formidable, merci. » Je l'ai glissée dans mon sac, j'attends maintenant qu'elle se perde. C'est une loi : tout ce qui est noté sur feuille volante disparaît dans un délai raisonnable. J'attends. J'ouvre mon sac, je suis un peu mécontente de constater que ce papier est toujours là. Mais je ne peux pas jeter une adresse qu'on m'a confiée. J'aurais peur de lancer un sort sur qui me l'a donnée, et sur moi, par contagion de la guigne. Alors, la brûler ? La déchirer en lambeaux minuscules et la confier à une eau courante ? N'y aurait-il pas une exagération à agir ainsi ? Un excès d'intention ? Je n'ai pas le choix des armes. J'attends donc que l'adresse s'évanouisse, et avec elle la mémoire de la rencontre. Puis je me dis qu'à force de vouloir la protéger, c'est l'adresse qui finira par me nuire. Elle se retournera contre moi. Je m'y prends mal, je sais que je m'y prends mal.

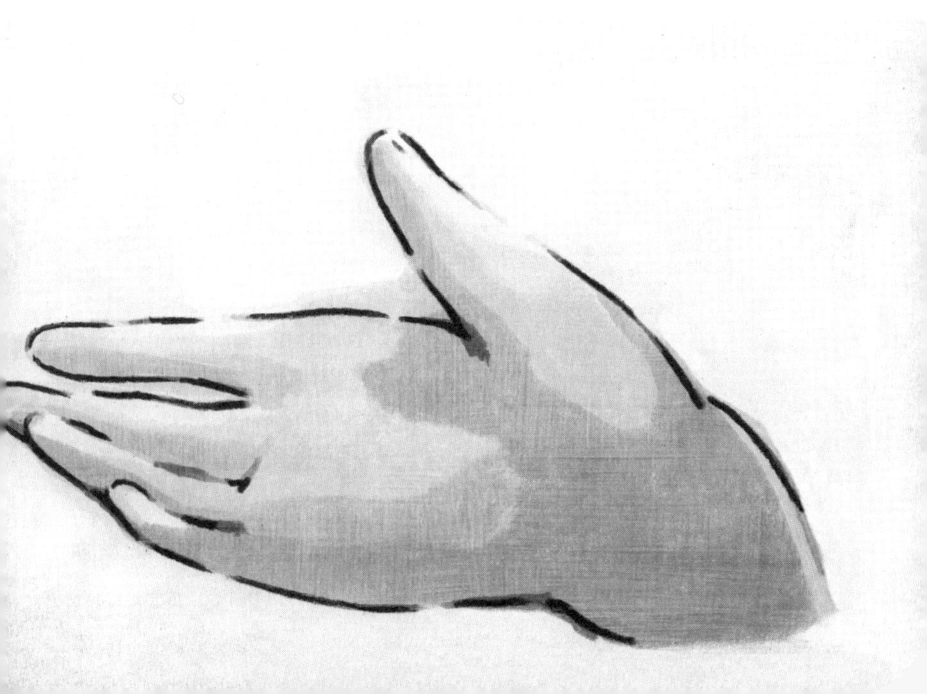

Un agenda Quo Vadis, couverture de plastique sombre

Il est banal, il est modeste et il est moche. Je l'achète chaque année, à l'époque de la rentrée des classes. J'ai pour lui des sentiments familiers et presque amicaux. Je n'irais pas jusqu'à écrire qu'il me ressemble (mais je le pense). Des agendas, j'en ai connu d'autres. Des commerciaux (Mulberry, Filofax), des pontifiants (La Pléiade), des mégalomanes (format cahier). Je les ai tous abandonnés, en cours d'année, au profit de ce vieux Quo Vadis que je rachète immanquablement chez Gibert Jeune, qui est une papeterie vaste, mélancolique, peu achalandée et proche de chez moi. Dans le revers de sa couverture de plastique, je glisse en vrac des tickets de métro, ma carte bleue, mon permis de conduire, un polaroïd noir et blanc sur lequel je figure et dont je ne sais que faire, l'adresse d'un magnétiseur, des relevés bancaires, et ce « Portrait de Joanna », dessiné par mon fils à l'âge de huit ans et que j'estime à l'égal d'un chef-d'œuvre. Je tiens assez précisément la liste de mes rendez-vous et de mes déplacements. Ma mémoire entraînée conserve ceux que je n'ai pas consignés. Je trouve valorisantes les pages remplies de notes, de numéros de téléphone et d'adresses. Mais j'aime surtout contempler les doubles pages vierges, qui suggèrent que rien n'est prévu dans l'espace d'une semaine, rien d'autre que l'exercice de ma liberté. Il arrive que je biffe les pages blanches pour être sûre qu'aucune obligation importune ne viendra s'y glisser. Et rien ne me fâche plus que de devoir empiéter sur le temps que je me laisse.

– Je serais vous, j'arrêterais de me plaindre. C'est déjà très beau d'avoir du travail, remarque madame Labret, qui n'en a jamais manqué.

Une capote emballée, collée sur un dépliant publicitaire Hansaplast

On me l'a donnée devant la gare du Nord, à la sortie du métro. Une besace débordante à l'épaule, un Indien désargenté, ou un Pakistanais, un Tamoul peut-être, les collait de force dans les mains des passants, trop pressés pour prendre le temps de les refuser. C'était une capote de démonstration, un exemplaire unique scotché sur son mode d'emploi. J'ai cherché des yeux une poubelle pour m'en débarrasser, mais toutes les poubelles avaient disparu, nous étions entrés dans l'ère de la guerre, des attentats, des bombes, des cataclysmes et de la fin du monde. Nous étions devenus des cibles, tous, civils et soldats, otages indécis à la merci des tueurs changeants dispersés parmi nous. J'avais cette capote dans la main, je n'ai pas pensé à l'abandonner en la laissant tomber au sol. Il y a longtemps que je ne jette plus rien à terre. Comme je portais une veste sans poche, j'ai glissé la capote dans mon sac où j'ai fait mine de l'oublier. Mais une capote, même publicitaire, ne fait pas partie des objets qui se laissent oublier. Livrée à elle-même, elle a rapidement acquis une existence indépendante. Elle a pris sur moi de l'ascendant. Son pouvoir grandissant, elle s'est ingérée avec arrogance dans le cours de mes affaires. Je ne vais pas m'en plaindre, elle m'a donné une sorte d'assurance. Si l'envie m'en saisit, rien ne s'oppose à ce que je propose à ce type avec qui je bois un café de prendre sur l'instant une chambre dans l'hôtel de l'autre côté du boulevard. J'ai une capote après tout, ce qui signifie assez la liberté que je m'accorde, et ma désinvolture. Se balade-t-on avec des préservatifs si l'on n'a pas l'intention de s'en servir ?

Et si je prends ce café en compagnie d'une femme, je pense qu'elle sera surprise, peut-être même choquée, d'apprendre que je suis de celles qui prennent les hommes quand ils passent et s'en séparent comme elles les ont trouvés, sans délai. De fil en aiguille, j'ai trouvé raisonnable de penser que je les attirais, par le seul rayonnement de mon courage et de ma grande disponibilité sexuelle. Les débuts de notre vie commune, à ma capote et à moi, ont été marqués par une indéniable augmentation de mon potentiel de séduction. En la matière, une capote au fond d'un sac peut faire beaucoup plus pour une femme qu'un bâton de rouge à lèvres.

Un paquet de cigarettes à moitié vide (à moitié plein)

Dans le parquet cartonné, restent dix clous de mon cercueil. Une marque américaine. Je l'ai adoptée la dernière fois que j'ai recommencé à fumer après un arrêt définitif d'un mois. La rechute est majoritairement imputable à un voyage en Égypte. Je ne peux pas vivre sans sentir la mort bouger à mon côté. Il faut que je la touche sans cesse pour savoir que j'existe. J'ai beau vieillir, de mourir ou de vivre, je n'ai pas pris le parti de ce qui m'effraie le plus. En cherchant un peu, on trouvera aussi deux tablettes de gomme à la nicotine.

La première, goût nature, m'a été offerte par un homme à qui j'avais donné quelques jours plus tôt une étude érudite intitulée *La passion du grand fumeur.* L'autre, goût menthe, m'a été offerte par une amie, qui jugeait le goût nature infect et lui préférait la version aromatisée. Nous buvons de temps à autre, dans mes semaines blanches, des cocktails à base de vodka dans le bar d'un hôtel dont l'adresse change à chaque rendez-vous.

Dans le rebord transparent de la couverture de mon agenda Quo Vadis, on trouvera un patch 7 mg à la nicotine. Si jamais j'arrêtais brusquement de fumer (un mardi à 15 heures, par exemple), j'aurais sans délai tout le matériel nécessaire sous la main. Madame Labret, elle, a renoncé au tabac il y a quatorze ans. Sur un coup de tête.

– Je n'ai pas fumé ma petite cigarette d'après dîner. Je suis allée me coucher tout de suite. Et le lendemain, c'était fini. Comme si je n'avais jamais fumé de ma vie.

Elle fumait quatre paquets de cigarettes brunes par jour. Madame Labret a pris quelques kilos, qui lui vont comme un gant. Mais, à en juger par la quantité d'ammoniaque qu'elle verse sur les carrelages, elle n'a pas entièrement recouvré l'odorat. Je me demande par quelle servitude elle a remplacé le tabac. Elle transporte jusque chez moi, dans un sac glacière molletonné bleu, un cygne de cristal d'une bonne trentaine de centimètres de haut. Ce cygne est la plus belle pièce d'une collection de figurines, accessible sur abonnement, qu'elle a entreprise il y a des années (quatorze peut-être ?). Elle a offert, pour l'acquérir, une somme colossale.

– Je n'y crois pas, dis-je.

– Vous avez tort. Trois mille neuf cents euros.

Si j'en avais le désir, il me serait impossible de l'acquérir. Il faut avoir suivi tout l'abonnement pour être admis à en acheter l'aboutissement. Ce cygne aux arêtes sévères ferait une arme terrible. Un lancer de cygne au visage tuerait son homme plus sûrement qu'un coup de batte de base-ball bien asséné. C'est ce que j'ai pensé quand elle l'a déballé devant moi, pour mon édification et le plaisir de mes yeux. Elle craint désormais que des voyous s'introduisent chez elle pour barboter sa collection. Je pourrais l'avertir : quand on a fait le choix de se promener sans arme à feu, il faut penser aux armes par destination. On ne sait pas, tant qu'on ne vous l'a pas enseigné, combien les objets usuels peuvent se montrer redoutables. Si elle apprend à se servir de son cygne, madame Labret n'a rien à craindre. Je pourrais le lui dire, mais, bien sûr, je me tais. À quoi bon s'entraîner à se battre quand on n'en a pas vraiment besoin ? Et je ne vois pas qui aurait l'idée idiote de lui voler sa collection.

Un paquet de Kleenex

D'un rose conquérant, aux couleurs du grand magasin Tati, ce paquet m'a été offert par Denise Mathis, artiste contemporaine, qui est la compagne d'une amie à laquelle je suis liée depuis plus de quinze ans. Nous sortions d'un dîner chez des amis communs. Il avait plu. Le scooter de mon mari était couvert de gouttes d'eau larges comme des dragées (lorsque je sors avec Lars, il me transporte à l'arrière de son scooter). Denise Mathis qui, pour sa part, se préparait à partir avec sa compagne en quête d'un taxi, m'a tendu ce paquet de Kleenex. Je l'ai immédiatement ouvert (une petite languette autocollante tient fermé le rabat de la pochette) et j'en ai sorti un mouchoir qui m'a servi à éponger le siège du scooter. Ces mouchoirs sont solides et absorbants. J'ai essoré le mien pour qu'il serve à nouveau. Je tenais déjà à garder cette jolie pochette le plus longtemps possible. Parce qu'elle était jolie et parce qu'elle m'avait été donnée par quelqu'un dont je conserverais ainsi quelque temps le souvenir tout proche. Plus tôt dans la soirée, elle avait offert à nos hôtes un catalogue présentant ses derniers travaux, biscuits multicolores disposés en damier sur des pelouses, totems animaliers, signes religieux saisis dans le plexiglas… Le paquet de Kleenex rose s'inscrivait à tout coup dans cette énumération, encore que je ne sache pas bien à quel titre.

J'ai peu l'usage des mouchoirs en papier, étant rarement enrhumée et ne pleurant qu'à regret. Je vais donc garder cette pochette rose un certain temps avec moi. Je suis certaine de son pouvoir éblouissant. Je me réjouis de pouvoir la sortir au moment nécessaire. J'éprouve une réelle sympathie pourDenise Mathis, ce qui n'est pas toujours le cas pour les amis de mes amis.

Je me demande parfois si elle a de la sympathie pour moi. Je m'inquiète. C'est une folie que j'ai, de vouloir gagner la sympathie des gens. Il faut me voir au travail, je m'y prends comme un singe. J'imite, jamais en retard d'un sourire, jamais en retard d'une mimique. Pour me faire aimer, et laisser croire que j'aime, je suis capable de débauches d'empathie. Au fond, je me comporte comme une pécheresse accumulant les indulgences. Ayant beaucoup péché, il m'en faut en quantité. Elles plaideront pour moi, le jour venu. La sympathie des autres remplacera celle que je suis incapable de me porter. En attendant, je me vois des âmes sœurs partout où je passe.

Un petit peigne en écaille dans un étui de cuir

Je peigne mes cheveux une fois par jour, le matin – à moins que je ne les brosse. Autant dire que je n'ai pas besoin d'un peigne dans mon sac à main. Mais je nourris quelques rêves ambitieux. Je rêve par exemple que je pourrais me servir de ce peigne dans la journée. Il est à peu près acquis que j'y gagnerais une allure plus féminine (plus soignée, plus conforme, plus peignée). Je suppose que les autres femmes se repeignent dans la journée. J'en suis même certaine, car l'expression « se repeigner » a des accents familiers. Je suis malheureusement trop inhibée pour filer me recoiffer entre deux rendez-vous (a fortiori au milieu d'un rendez-vous). J'aurais l'impression de travestir ma vraie nature, celle qui m'a été donnée par ma naissance, mon milieu et mon éducation, et qui veut que je sois ébouriffée et en désordre.

Je garde donc ce peigne dans un esprit moins pratique qu'analogique. Tel qu'il est, en écaille, glissé dans son étui de cuir souple, il détonne affreusement dans la salle de bains, où sa sophistication écrase tous les autres objets. Aussi, je l'ai retiré de l'étagère où nous entreposons les flacons de lait Nivéa et les grands râteaux de plastique qui sont nos peignes ordinaires. J'ai estimé qu'il serait plus à sa place parmi les biens personnels et coutumiers d'une dame. Même si cette dame se trouve toujours étonnée de le reconnaître parmi ses affaires.

Ce peigne a été acheté dans une pharmacie de la ville d'Arras, au milieu des années 90. Je m'y trouvais pour des raisons professionnelles. En déplacement pour deux jours, j'avais oublié d'emporter ma trousse de toilette. J'ai donc acheté brosse à dents, dentifrice et peigne dans une pharmacie. Partout en France, les pharmacies distribuent des objets de qualité qu'elles cèdent à des prix mirobolants. De ce voyage à Arras, qui est une ville attachante, pleine de caractère et scarifiée par le passé, j'ai donc gardé un peigne. Et un ami libanais. Comme cette histoire ne concernait en rien ma vie conjugale, je n'en ai pas parlé chez moi. Ainsi, elle ne peut prétendre à aucune consistance dans la vie que je mène en famille, qui est une bonne vie et qui nous convient.

Cet homme a été séduit par mon aspect impeccablement peigné. Le soir même des présentations, prétextant une légère ivresse, il s'est littéralement effondré sur moi. Touchée par sa confiance et sa faculté d'abandon, quittant sur l'instant la prévention qui veut que l'on se garde de mélanger l'affectif et le professionnel, je n'ai pas opposé une résistance excessive. Je n'avais pas encore, à l'époque, de capote publicitaire dans mon sac. C'est donc aux seules vertus de mon peigne, et à son pouvoir d'encouragement, que je dois d'avoir été distinguée. Nous nous sommes revus au Liban. Mais nos retrouvailles n'ont pas retrouvé l'innocence confiante de notre première rencontre, magnifiée par la vivifiante humidité du climat septentrional et par la présence bienveillante de ce peigne que je tarde à perdre (c'est aussi qu'il ne sort jamais de mon sac).

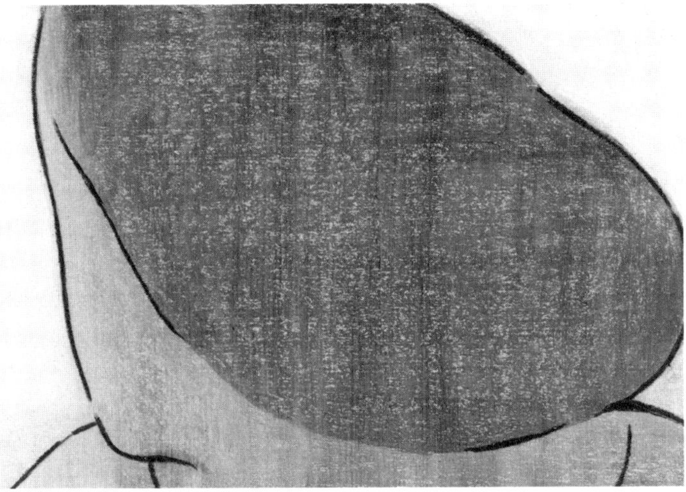

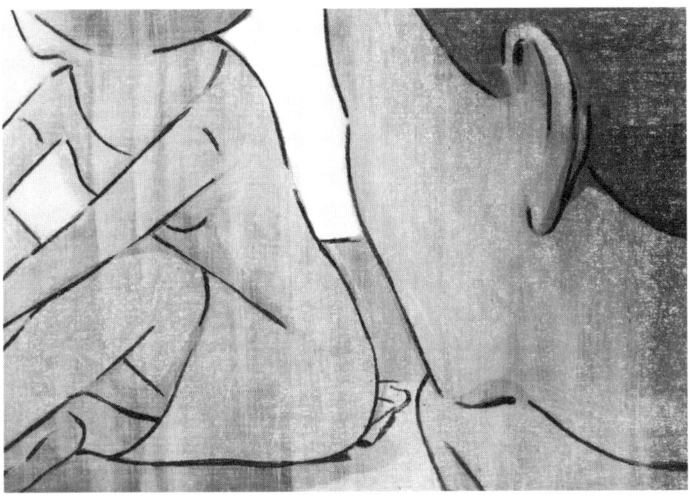

Des billets pliés en huit et des pièces de monnaie en vrac

J'ai définitivement renoncé à me servir d'un porte-monnaie. À peine ont-ils la panse pleine de pièces qu'ils s'évanouissent. Rares sont ceux qui m'ont duré plus de deux jours. Je me fiche donc des porte-monnaie et je les ai effacés de ma mémoire. Tous sauf un. J'avais dix-neuf ans, je vivais en compagnie d'une dépression profonde, d'une solitude sans merci et d'une pauvreté désastreuse. Je possédais un porte-monnaie de cuir souple beige pâle, à plusieurs soufflets.

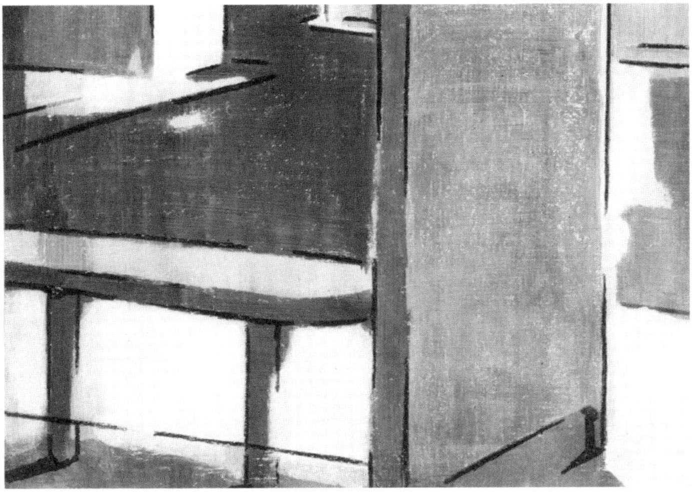

Dans l'un, j'avais mis deux billets que m'avait donnés ma grand-mère et qui constituaient tout mon bien. Dans l'autre, ma carte de transports. Dans le troisième (par quelle aberration, je me demande), une bague en or à l'anneau déformé, portant une topaze brûlée. Cette bague, qui me venait de ma famille, était l'objet le plus précieux que j'eusse jamais eu en ma possession. J'ai laissé ce porte-monnaie sur la banquette d'un bus.

Je l'ai posé à côte de moi, et je l'ai oublié. Je prenais ce bus deux fois par jour. Il me conduisait le matin de la banlieue à une porte de Paris. Le soir, il me ramenait de la sortie du métro à la chambre que j'occupais avec mes dictionnaires,

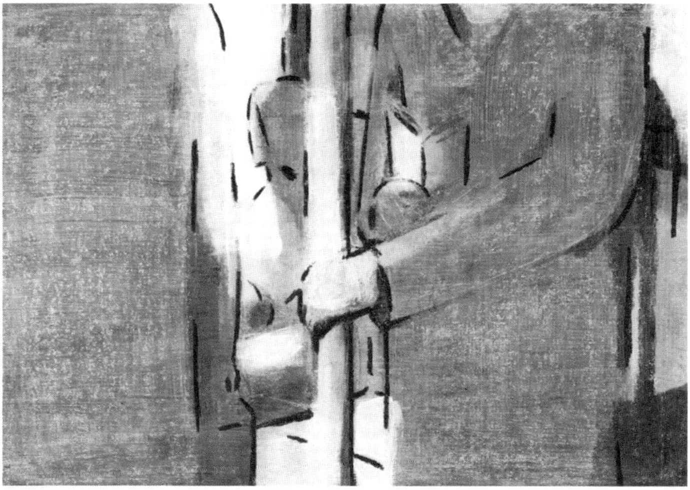

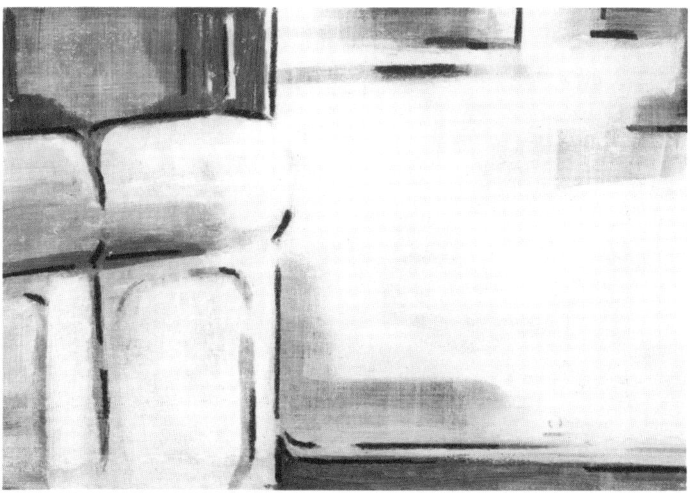

un tube de lait concentré sucré et un paquet de Gauloises. Étendue sur mon lit, les yeux au plafond, j'estimais avoir atteint le fond du puits et je réfléchissais à des issues radicales, quand le téléphone a sonné. Le chauffeur du bus avait ramassé mon porte-monnaie. Mon numéro de téléphone figurait sur ma carte de transports. Il déposerait l'objet au guichet de la gare routière, le lendemain matin, où avais-je la tête, hein, où avais-je la tête à la fin ? Ce porte-monnaie miraculeux est inoubliable. Il m'a réconciliée avec le hasard. À défaut de pouvoir m'appuyer sur des familiers, j'ai pris le parti de compter sur les inconnus. Et la bague, évidemment, je l'ai perdue.

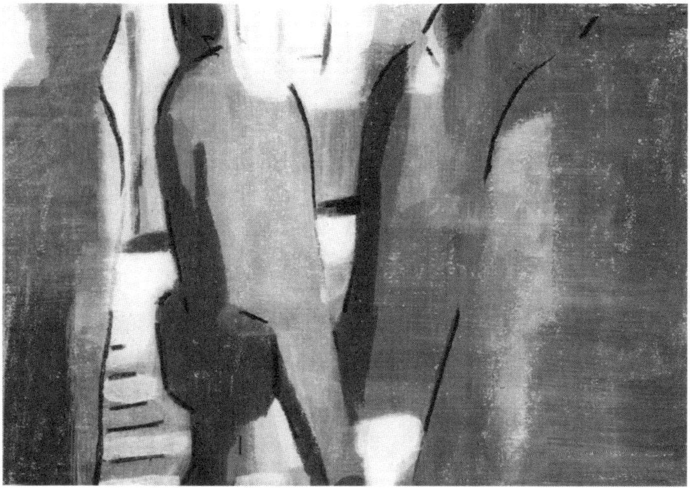

Un billet d'entrée pour *Vodka Lemon* dans un cinéma indépendant

J'ai pleuré au milieu de ce film kurde, tourné au Kurdistan arménien (ou en Arménie kurde, on n'est jamais très sûr). J'ai souri, au début, mais quand la gorge a commencé à me serrer, j'ai su que les carottes étaient cuites. La mère, vendeuse de vodka dans une guérite (le film lui doit son titre), annonce à sa fille, qui se prostitue dans un hôtel, qu'elle vient de perdre son travail. Les deux femmes pleurent et rient au milieu de leurs larmes. Il est clair qu'elles ne s'en sortiront pas. J'ai cédé à l'émotion. Les larmes ont débordé de mes yeux comme la pluie d'une gouttière engorgée. Ce n'était pas tant la misère de ces gens qui me stupéfiait (il n'y a rien à découvrir, les informations ordinaires suffisent pour savoir), c'était son irruption spectaculaire sur les écrans. La visite surprise des Misérables chez les Heureux du Monde. Je suis très sensible aux rencontres. Si je devais croire en quelque chose, ce serait dans une conception plus planétaire de la mondanité.

Mais je tiens à mon image. Je ne veux pas qu'on me surprenne à découvert. À partir d'un certain âge, on peut s'esclaffer au cinéma et ennuyer tous ses voisins avec des manifestations de joie exagérée. Mais pleurer, non. Pleurer est ridicule. J'ai donc entrouvert mon sac et sorti le paquet de Kleenex Tati. Son rose éclatant luisait dans la pénombre. Sans bruit, j'ai levé la languette et sorti un mouchoir que j'ai collé sous mes paupières. Ainsi, quand j'ai recommencé à sourire (le film n'avait pas renoncé à être amusant), personne – pas même Lars – n'aurait pu se douter que j'étais assez minable pour renifler sur le sort de gens qui n'existent même pas.

Je manipule mes émotions comme mon emploi du temps, avec succès. Je devrais raconter cette histoire àDenise Mathis. Elle aurait peut-être envie de voir le film d'Hiner Saleem. Elle aurait peut-être envie de faire une œuvre contemporaine avec des bouteilles de vodka. Peut-être pourrions-nous en boire un peu à cette occasion. Je raffole de la vodka mais m'interdis d'en conserver chez moi (j'aime l'ivresse, je la boirais sans délai).

Une boîte d'allumettes très légère

Cette boîte d'allumettes Matchbox vient de mon dernier voyage à Bruxelles. Je vais souvent à Bruxelles, pour des raisons professionnelles. On achète en Belgique des produits dont la valeur est d'autant plus grande qu'ils sont introuvables en France. Il s'agit de produits de consommation courante. À très peu de frais, pendant quelques jours, on peut ainsi s'offrir l'occasion de vivre ici et ailleurs à la fois. De vivre clandestinement au milieu de gens qui ne se doutent de rien. De vivre. J'importe en douce des boîtes d'allumettes Matchbox (à peine plus larges et beaucoup plus jolies que les boîtes de la Seita, toujours un peu chiches). Mais aussi : des filtres à café en plastique (qui passent un jus diabolique, léger au goût et effroyablement excitant), du Maredsous (qui est une sorte de Vache qui Rit aromatisée), des cigarettes Tigra (une femme coiffée d'un bonnet de tigresse sourit sur la pochette vert pomme), des cuberdons (bonbons de gélatine parme, emplis d'une goutte de sirop épais à la saveur incertaine, et qui ressemblent à de longs tétons pointus). Un très grand nombre de produits diffusés en Belgique sont enviables pour des Français. Je me demande ce que les Belges rapportent de France.

Cette boîte d'allumettes est vide. Presque vide. J'ai rangé à l'intérieur un pétale de fleur, large comme l'ongle de l'auriculaire et rose tendre. Ce pétale s'est déposé sur le carrelage du mur de ma cuisine, à proximité de la fenêtre. Il n'en a plus bougé. Lavant une vaisselle, épluchant des légumes, je l'observais là, bien rose sur le carreau blanc. Il ne perdait ni sa couleur ni son apparence d'élastique fraîcheur. Au bout de deux jours, je le considérais comme un cadeau du ciel. Je l'ai donc pieusement décollé du carreau et logé dans la boîte d'allumettes vide, pour le préserver d'un coup de vent ou d'un coup d'éponge (madame Labret n'a pas l'esprit superstitieux). Et comme je ne savais où ranger la boîte, mon sac traînant à ce moment sur un tabouret de la cuisine, j'ai mis la boîte dedans. Je n'ose plus l'en retirer. Qui sait le malheur qui m'atteindrait ?

Je pense que ce pétale vient du géranium de ma voisine du dessus, pour laquelle j'ai de l'affection. Elle entretient avec un soin magnifique des quantités de fleurs et de plantes sur la moindre bordure que lui concède la copropriété. Après trois ans de voisinage, j'ai découvert (en regardant deux photographies de paysages accrochées au mur de son entrée, soit presque fortuitement) qu'elle était originaire de la même région que ma grand-mère, les Vosges. De là son caractère déterminé, travailleur, fier et loyal – même un peu sauvage. J'ai porté à ma grand-mère un amour très grand. Une petite partie de cet amour s'est réfugiée à l'intérieur de ma voisine du dessus. Illuminée par cet amour, elle brille désormais doublement à mes yeux, pour ses qualités propres, et pour celles de ma grand-mère (brillance d'autant plus intense que ces qualités se superposent souvent). Ces quelques précisions pour expliquer le caractère protecteur et presque féerique du pétale de géranium dans la boîte d'allumettes Matchbox vide. Mieux vaut garder ma voisine dans l'ignorance de tout ce micmac. Elle risque de ne pas savoir comment prendre les choses. C'est une femme qui a la tête sur les épaules. Elle n'aime pas que l'on joue sur tous les tableaux.

Un tampon sans applicateur de la marque Nett (OBE en pharmacie)

C'est un principe que les représentantes féminines de l'espèce assimilent assez tôt dans la période reproductrice de leur vie sexuelle : mieux vaut en avoir un sous la main. Par courtoisie ou par intérêt, les hommes ne perdraient rien à l'adopter : si le tampon ne vous dépanne pas, vous, vous pouvez être sûrs qu'il dépannera une copine. Le tampon dans le sac – à l'instar du tampon dans la poche – est un objet qui semble doué d'un penchant propre à la facétie. Bien qu'il soit très reconnaissable au toucher (petit, oblong et lisse), on le confond stupidement à tout bout de champ avec une foule d'autres objets petits et lisses (briquet, paquet de chewing-gums, bâton de rouge à lèvres).

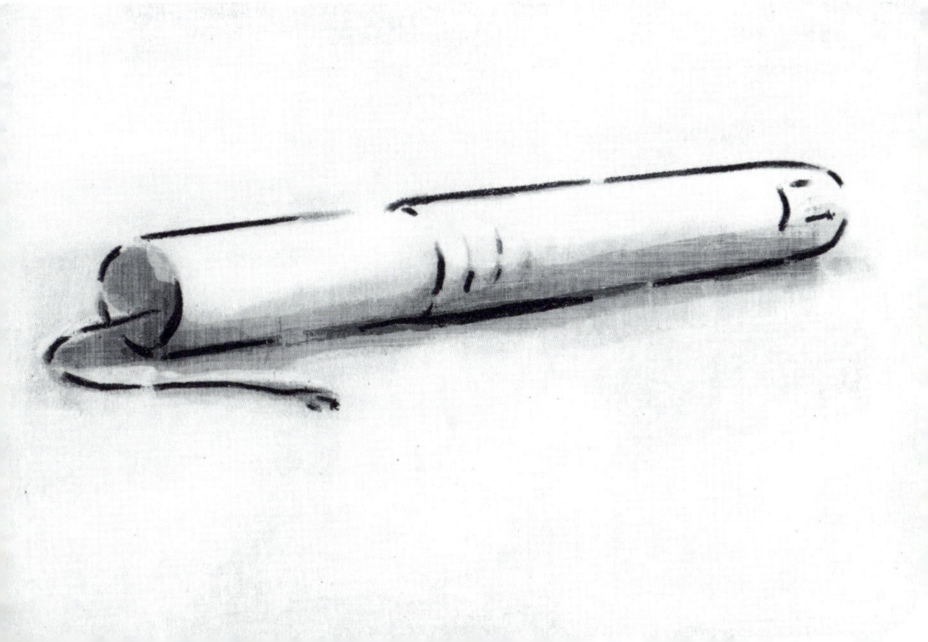

Le tampon brandi triomphalement en assemblée crée une gêne. On peut toujours s'en sortir par un rire, même un peu forcé. La différence (réelle) entre le tampon avec applicateur et le tampon sans applicateur ne joue pas ici. Le premier a beau être un peu plus long, il est aussi imprévisible que le second. Il est en revanche un peu plus voyant. (Le tampon sans applicateur se dissimule facilement au creux de la paume, ce qui constitue un argument en sa faveur.) J'ai longtemps pensé que cette trahison du tampon était une parabole : qu'elle le veuille ou non, une femme est à la merci de sa féminité. S'en accommoder permet d'accéder à une forme de résignation, de duplicité et d'humour. Par la suite, le tampon m'est apparu plus largement comme une métaphore de notre humanité. S'imposant sans s'annoncer, au plus mauvais moment, elle nous dénonce en société pour ce que nous sommes. Dissimulateurs, fragiles et perméables.

Un paquet de chewing-gums Freedent Fruits Rouges sans sucre

Je n'aime pas les chewing-gums. Il faut que j'aie atteint un état de nervosité extrême pour les utiliser. Mais alors, quel usage ! Je n'arrête plus de mâcher. Généralement, je me gratte aussi. L'extrême nervosité réveille mon herpès. J'ai, entreposée chez moi, une quantité incalculable de ces paquets de

Freedent Fruits Rouges. Je les ai achetés sur l'insistance de mon fils Antoine, le dessinateur, qui prétendait n'aimer que cette marque, pour sa consistance et pour son arôme (pour la couleur de son paquet peut-être). Mon fils entretient vis-à-vis de ce qui se mange des attitudes changeantes et parfois phobiques. Je n'avais pas sitôt acheté ces chewing-gums, vendus en cartouches promotionnelles, qu'il s'en est désintéressé. C'est à moi, sa mère, qu'est revenue la tâche immense de mâcher cette masse de gomme. Je ne suis pas pressée. Je prends mon temps. Je traîne toujours avec moi un paquet dont je n'use qu'en cas de détresse. J'essaie entre-temps de refourguer les gommes à mes rencontres, amis, connaissances. En vain. Les gens ne sont pas fous. Ils ont de l'odorat. Je me suis habituée, moi, à leur arôme puissant et franchement artificiel. Quand la pression se fait trop forte, les motifs d'inquiétude trop visibles, ce mélange brutal d'aspartame et de fausse fraise me calme. Je me souviens, par la vertu de ma sensibilité olfactive, d'autres moments autrement périlleux et victorieusement traversés. Il n'y a que moi pour savoir à quel point ils ont été nombreux. Mon sentiment d'affolement se dilue dans le familier. Je mâche avec une conviction de résiliente. Je triomphe. Pour l'herpès, évidemment, les choses sont plus difficiles.

Un morceau de chocolat noir, emballé dans un papier rouge et noir

Je regrette que les limonadiers ne proposent pas le choix entre le chocolat noir et le chocolat au lait, voire le chocolat blanc. Je n'ai pas le goût des amateurs. Par-dessus tout, je préfère un bon Côte d'Or, gras et sucré. Pourtant, quand je commande l'un de ces mauvais cafés que l'on boit à Paris, j'emporte toujours le carré déposé sur la soucoupe. Je ne peux m'ôter de l'esprit qu'il pourrait m'être nécessaire. Moi qui n'ai pas connu la guerre sur mon sol, ni la pauvreté dans mon enfance. Moi qui crée les dangers que j'affronte.

Un jour trop occupé, un jour où je n'ai pas trouvé le temps de déjeuner, alors que la fatigue me prend et que je me souviens que je suis affamée, je sors le chocolat qui vivote au fond de mon sac, je le déballe et je le mange. À force d'avoir attendu, le chocolat a pris une couleur terne et un goût de poussière. Je le laisse fondre dans ma bouche. Instantanément, je suis moins fatiguée. Il m'arrive aussi de le donner à un gosse. Nous sommes en train de faire des courses, ou nous nous dirigeons vers un square. Nous sommes à cran. Le chocolat est un outil rudimentaire de la diplomatie. Il fait diversion, il nous réconcilie, il nous aide à patienter, c'est selon.

Un passeport

Ce passeport sera périmé dans quatre mois. Cette échéance qui devrait m'inquiéter (voir mon identité périmée, effectuer les démarches nécessaires au renouvellement de mon existence civile) me rassure. Celui-là, je l'aurai gardé cinq ans. Soit aucune velléité de perte d'identité cinq ans durant. Être en règle est une situation merveilleusement confortable. Je n'en ai jamais abusé. Mais si je suis parvenue à garder ce passeport, je dois être en bonne voie de normalisation.

La photo d'identité, en noir et blanc, stylise mes traits. Il faut me connaître pour m'y reconnaître. J'y figure presque incognito. Surexposée, elle a raboté le contour de mon visage, éliminé les rides et gardé l'arc du sourire. Les yeux étonnamment noirs (en couleur, ils sont plutôt clairs) semblent vifs et perçants. Mes cheveux forment une masse sombre avantageuse (alors qu'en couleur, il s'agit d'une maigre paille beige). Au total, les renseignements écrits fournis sur ma personne sont exacts, à l'exception de ma taille, dont je ne suis jamais sûre à un demi-centimètre près.

Les pages consacrées aux visas n'ont rien de très spectaculaire. Les grands voyageurs et nombre d'emmerdeurs ont accumulé tant de voyages qu'il leur faut des pages supplémentaires, des addenda, des deuxièmes tomes. Rien de si tape-à-l'œil chez moi. Un visa pour les États-Unis, très joliment réalisé, mentionne mon intention d'y travailler pour une durée extrêmement courte (il s'agissait d'intervenir à l'Institut français). Ce visa américain est immédiatement suivi d'un visa pour le Liban, puis d'un visa pour la Syrie. Ces trois brefs séjours se sont suivis de très près. En cinq semaines à peine, j'avais tracé tout l'axe du mal et du bien. Et passé un temps considérable aux frontières à m'efforcer d'expliquer la coïncidence. Les douanières américaines sont les plus difficiles à convaincre. Les douaniers libanais et syriens se montrent moins regardants, se contentant de sombres regards et de frémissements de moustaches (mais je m'exagère peut-être leur intérêt). Plus loin dans les pages, on trouve d'autres timbres pour des pays du Moyen-Orient, toujours les mêmes. Figure enfin un visa pour l'Égypte. C'est le dernier.

Une photo dans un étui de plastique épais

J'ai volé cette photo à madame Labret, un après-midi qu'elle m'avait apporté, à ma demande, des images de son passé. Fille d'une famille d'agriculteurs du Morvan, madame Labret est montée très jeune à Paris pour y endosser la jupe bleue et le tablier blanc festonné des serveuses. Après une courte carrière dans la limonaderie, elle s'est mariée. Elle a tenu une loge dans le 2e arrondissement. Veuve, elle assure aujourd'hui quelques ménages, qui complètent son revenu et lui conservent une vie sociale assez riche. Elle est en situation de choisir ses clients.

Les photos sur lesquelles madame Labret figure en adolescente datent du début des années 50. Elles évoquent des tableaux de Courbet. Bien pris dans le cadre, on y voit des bœufs aux longues cornes tirant de lourdes charrues, des jeunes filles aux visages pleins et aux yeux mélancoliques, des jeunes gens en veste dont la cravate vole dans le vent. Sur l'une de ces photos, un jeune homme au visage franc sourit à l'objectif. Il a les traits réguliers et les yeux curieux. Il s'agit du frère de madame Labret, qui s'apprête alors à reprendre l'exploitation de son père. La photo a été prise quelques années avant que la France coloniale ne l'envoie faire la guerre en Algérie. Le jeune homme en est revenu deux fois. La première fois, il était en permission. Les siens ont eu de la peine à le reconnaître. Il avait perdu l'usage de la parole et gardait le regard fixe. La deuxième fois, il n'y avait plus que son nom sur une caisse pour savoir que c'était lui. La messe a été célébrée à la paroisse de la commune. L'enterrement a eu lieu au cimetière voisin. Quand le père est mort, deux ans plus tard, l'exploitation a été vendue.

– Personne ne sait ce qu'il a vu, dit madame Labret. Personne ne sait ce qu'on lui a fait.

Elle s'est levée pour aller chercher la tasse de thé que j'avais préparée pour elle à la cuisine. Pendant qu'elle avait le dos tourné, j'ai sorti la photo du paquet et je l'ai dissimulée sous une pile d'enveloppes. Elle a rassemblé ses photos sans rien remarquer. J'ai rangé celle que j'avais subtilisée dans cette pochette de plastique épais pour qu'elle ne s'abîme pas. Je connais un photographe qui développe encore ses photos lui-même. Il la dupliquera. Je rendrai alors l'original à madame Labret, qui sera toute surprise de ne pas avoir remarqué qu'elle l'avait égarée.

Je garde cette photo sur moi dans l'espoir (très mince) de rencontrer un jour un homme, ou une femme, qui reconnaîtra le visage. J'espère savoir alors ce qu'a vu le frère de madame Labret. Il n'est pas bon que les familles et que les proches soient tenus dans le secret de ce qui a été vu. Il n'est pas tolérable que les jeunes gens meurent sans que l'on sache ce qui les a fait mourir.

Une autre photo, sur l'autre versant de l'étui de plastique épais

Cette photo est tout ce qui me reste de cet ami libanais que j'ai retrouvé à Beyrouth après l'avoir séduit à Arras. Comme je n'avais pas d'appareil, nous nous sommes rendus ensemble chez un photographe à Hamra. J'ai été la première à m'asseoir sur le tabouret et à présenter mon visage à l'objectif. J'ai pris une expression avenante, en évitant de mettre trop d'émotion dans mes yeux, et je suis restée immobile. Je n'ai pas posé longtemps, les photos d'identité ne demandent aucun réglage particulier. Il m'a suivie et je l'ai entendu plaisanter en arabe, derrière le rideau, avec le photographe. Sortis du magasin, nous avons échangé nos photos.

Il a, sur la photo, le même sourire franc que le jeune frère de madame Labret. Une mèche de cheveux épais traverse son front. À plus de quarante ans de distance, c'est la même insolence joyeuse qui illumine leur regard.

Le frère de madame Labret, qui n'a pas beaucoup plus de vingt ans, est à jamais plus jeune que mon ami libanais, qui approche alors les trente-cinq ans.

Après cet échange sentimental, nous sommes rentrés chez lui, à Achrafieh.

Les fenêtres de son appartement donnaient sur la cour d'une école, plantée de jacarandas. Une lumière dorée inondait son lit, ce qui n'avait rien d'exceptionnel pour une fin d'après-midi de mai au Liban (j'aurais aimé pourtant que ce moment, que cette lumière, que nous-mêmes fussions exceptionnels). Nous avons voulu reprendre ce que nous avions commencé à Arras, mais nous avions perdu toute gaieté. Pour nous rassurer, j'ai tenté de prendre à mon compte les raisons de notre éloignement (j'avais des soucis en France, j'étais préoccupée par une conférence, le soir même, à laquelle je m'étais engagée). Il a souri et m'a serrée contre lui. Puis il m'a tourné le dos et s'est endormi.

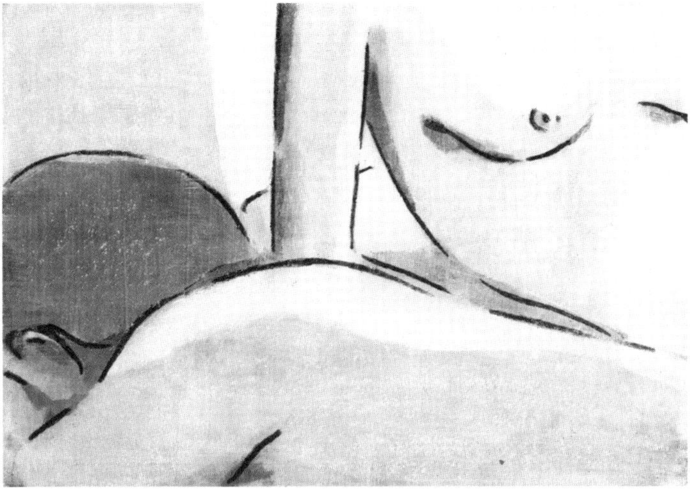

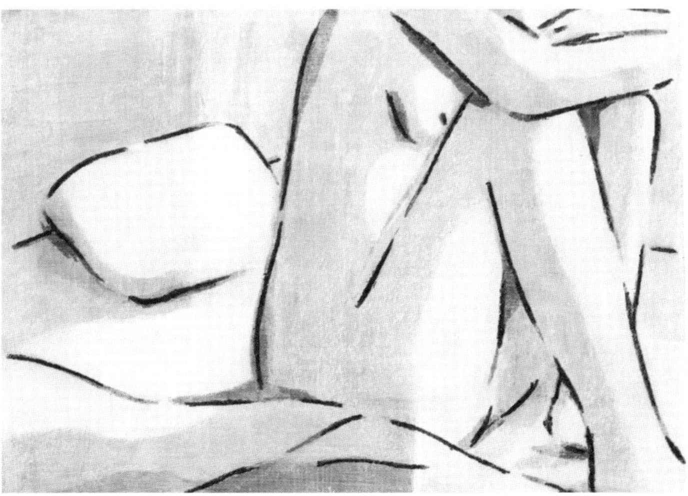

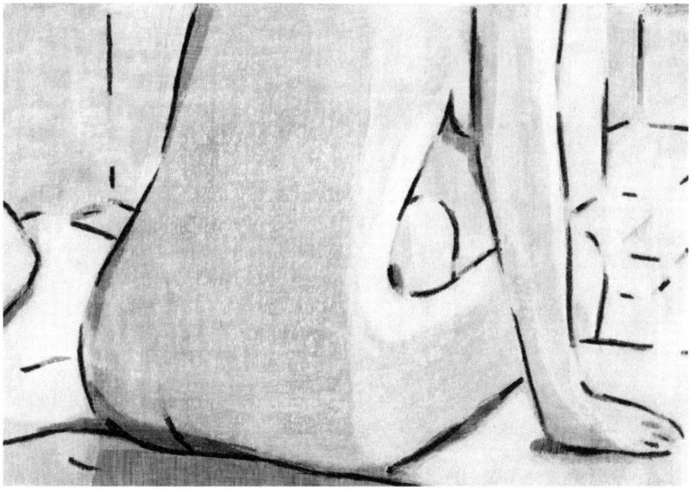

Nous avons été réveillés par le muezzin et nous sommes sortis dîner en ville. Nous avons trouvé une table au premier étage d'une maison couleur de citron trop mûr. Nous avons dîné à côté d'une fenêtre entrouverte. Je lui ai posé de nombreuses questions, qui sont restées sans réponse.

Le lendemain matin, il m'a emmenée à Baalbek. J'ai visité seule les ruines du temple. Il a disparu dans les ruelles de la petite ville. Il avait à faire. Un souffle fébrile faisait vibrer l'air clair. La population, sévère et majoritairement vêtue de noir, préparait la fête de l'Achoura. Des tapisseries aux motifs sanglants pavoisaient les murs et les vitrines des quelques magasins. À midi, quand il m'a rejointe, nous avons mangé des pains et des confitures sur une terrasse, au soleil. Un garçon d'une dizaine d'années est passé devant nous, un fusil immense posé sur l'épaule. Il suivait un âne poussiéreux. L'enfant et l'âne étaient extraordinairement maigres. Sous la table, nous nous sommes pris les mains. Nous avons confondus nos doigts et nous avons serré les poings, longuement, en nous regardant. Sur la route du retour, il m'a raconté comment il avait fui Saïda, à l'époque des premiers bombardements. Il imitait le bruit des bombes au phosphore et sa mère attrapant au passage la cocotte-minute qui mijotait sur la cuisinière, pour emporter le dîner dans l'exil. Je l'écoutais en silence. Par la fenêtre de la portière, on voyait des sacs de plastique blanc voleter à perte de vue sur les champs labourés. J'ai décidé que je ne trahirais pas cet homme, jamais, en aucune manière. C'était fini. Il ne fallait plus compter sur moi.

Le soir, je me suis rendue au consulat et j'ai participé à la conférence à laquelle j'étais invitée. Il a fallu ensuite dîner avec les autres conférenciers, le personnel français et quelques journalistes. Je n'ai pas écouté un mot des conversations. J'étais silencieuse, j'attendais le moment de le rejoindre. J'avais une peur terrible de ne pas le retrouver chez lui. J'avais une peur terrible de ne pas le retrouver.

Mais il m'attendait à la sortie du restaurant. J'étais soulagée de le voir. Je me suis jetée dans ses bras. Nous étions comme deux naufragés agrippés l'un à l'autre, sous le regard consterné de mes collègues. Je suis montée dans la voiture et nous sommes rentrés à Achrafieh. La nuit était terriblement noire et il roulait terriblement vite. Jamais jusqu'alors je ne m'étais sentie environnée d'une aussi parfaite sécurité. Il était devenu tout mon monde.

Nous nous sommes couchés. Le matin s'est levé alors que nous n'avions pas fini de nous embrasser. Quand il a vu le jour, il m'a dit qu'il était un imbécile, mais je crois qu'il se parlait à lui-même plutôt qu'il ne s'adressait à moi. Il m'a dit qu'il avait beaucoup à faire, qu'il serait très occupé désormais, et que je ferais mieux de rentrer dans mon hôtel de Hamra. Il m'a dit aussi que je ne devrais pas chercher à le joindre. Qu'il saurait, lui, me trouver. Et comme j'avais fondu en larmes (car c'était moi, l'imbécile), il a semblé désolé.

– Je n'ai pas le choix, s'est-il excusé. C'est une question de sécurité.

– Tu me rassures, ai-je fait. Je croyais que nous étions en danger.

Il m'a regardée d'un air incrédule et, comme je grimaçais, il a ri. Un vrai rire, avec les yeux qui étincellent et tout le visage qui se ramasse autour d'eux. Il a eu brièvement les traits de ce visage, le visage du jeune frère de madame Labret sur la photo. Je ne voulais pas que cet homme disparaisse, je ne voulais pas que son regard s'éteigne, mais il n'y avait rien à faire. Il a pris un petit sac de voyage, ramassé quelques affaires préparées sur un coin de table. Il m'a demandé de claquer la porte derrière moi quand je m'en irais. Et puis il est parti.

C'était un vendredi. J'aurais pu rester à pleurer, chez lui ou dans ma chambre d'hôtel. Mais je n'ai pas refusé quand Henri m'a proposé de m'emmener à Damas. J'avais un visa syrien, il était idiot de ne pas l'utiliser. Nous allions flâner dans le souk, nous allions bavarder avec quelques amis, nous allions acheter des tapis, est-ce que je voulais acheter des tapis avec Henri le coopérant ? Est-ce que je voulais me jeter par la fenêtre ? Est-ce que je comptais faire l'imbécile encore longtemps ? Ou est-ce que je voulais être raisonnable et prendre les choses pour ce qu'elles étaient (à savoir pas grand-chose, un désastre ordinaire) ? Nos amis étaient très satisfaits de nous voir. Henri a acheté trois tapis. J'ai acheté douze verres colorés dont la moitié – exactement la moitié

– s'est brisée pendant le voyage de retour (en dépit de la masse considérable de papier journal dont le marchand les avait bourrés).

Jamais je n'ai cherché à joindre mon ami libanais. Jamais il n'a donné de ses nouvelles. Deux mois plus tard, j'ai appris qu'un attaché culturel qui venait d'être nommé au Caire avait eu des informations à son sujet. Je suis allée en Égypte. Un brouillard opaque et rouge empêchait de voir à cinq mètres. L'attaché ne savait rien. Rien de plus que ce que savaient les autres. Rien. La ville avait rejoint les pyramides, un âne mort flottait le ventre à l'air sur le canal, un ibis planté dans les entrailles. Des millions de personnes marchaient au milieu de la nuit dans la poussière. Beaucoup d'entre elles étaient en colère. La catastrophe planait sur la ville et nous l'attendions comme une pluie de printemps.

Parfois, je croise dans la rue une silhouette qui pourrait être la sienne. Je m'imagine reconnaître ses traits sur une photo dans une exposition, dans un visage au milieu d'une foule. Il pourrait être en n'importe quel endroit du monde. Il pourrait être dans une chambre, le nez à une fenêtre, dans la lumière dorée du soir. Il pourrait être enterré dans une prison. Bouclé dans un camp. Il pourrait être mort.

– Je me demande ce que vous lui trouvez, à mon frère, le pauvre, remarquait madame Labret, alors que je caressais doucement, du bout de l'index, le visage noir et blanc, juste avant qu'elle aille chercher du thé et que je lui dérobe sa photo.

Un téléphone portable

Au début, je ne voulais pas. J'ai mis deux ans avant d'en acheter un. Enfin, j'étais comme tout le monde. Je n'ai pas l'usage de toutes ses fonctions. Ainsi, je n'entre pas les coordonnées de mes correspondants dans le répertoire. Mon mari s'en est chargé pour moi. Il l'a fait à mon retour d'Égypte. Parce que je ne l'avais pas appelé une seule fois. Mon répertoire téléphonique comprend donc deux numéros : le numéro du mobile de mon mari et le numéro de notre appartement, où je peux joindre mon fils (ce qui – comme c'est le cas pour mon carnet – ne sert pas à grand-chose puisque je connais ces deux numéros par cœur). Comme je n'aimais pas la sonnerie, Denise Mathis m'a installé ce bruit de cloches qu'elle a enregistré elle-même. Il amuse les gens un temps, avant de les exaspérer.

J'ai rencontré mon mari il y douze ans, à Bruxelles. Pour la première fois, j'avais été invitée à communiquer devant un parterre diversement concerné par le devenir des langues européennes. J'avais égaré la clé de ma chambre d'hôtel et j'étais en train de vider le contenu de ma sacoche sur le comptoir de la réception quand il s'est présenté.

– Lars Kroendel, a-t-il dit, si vous permettez. Vous avez laissé tomber cet objet dans le hall…

Il m'a tendu la clé de ma chambre.

– Vous devriez la confier à la réception.

Je le fixais avec des yeux embués par la surprise et la reconnaissance. Il s'est mépris. Il a cru que je lui reprochais d'intervenir dans mes habitudes, et il a ajouté :

– Je perds moi-même très volontiers mes affaires. C'est la raison pour laquelle je me permettais de vous donner un conseil. Je suis un adepte de la prévention.

Lars a toujours été beau. Avec l'âge, il a une légère tendance à s'empâter. Il était irrésistible, il reste exceptionnellement séduisant. Le soir même, au bar de l'hôtel, nous avons bu un verre (un Campari pour moi, une vodka pour lui). Lorsque je suis remontée dans ma chambre, j'étais désespérément amoureuse d'un type qui n'avait rien tenté pour me séduire, qui ne m'avait même pas demandé si j'étais mariée (ou fidèle). Il me paraissait acquis qu'il ne s'intéressait pas à moi, à moins qu'il ne s'intéressât pas du tout aux femmes, ce qui était aussi une possibilité. Je n'avais encore aucune idée de ce qu'une éducation loyale, protestante et féministe peut faire d'un homme. Nous nous sommes revus le lendemain, le surlendemain, et le jour d'après encore. Nous savions tout du travail l'un de l'autre (il était expert à la Commission européenne), nous avions déjà échangé un certain nombre de souvenirs d'adolescence, nous avions même partagé un début de cuite, nous approchions du terme de nos missions respectives et nous allions devoir nous quitter, quand il m'a demandé si j'étais mariée. Je lui ai répondu avec une telle précipitation et un tel luxe de détails qu'il n'est resté aucune place pour l'ambiguïté. Nous avons utilisé ses capotes et la clé de sa chambre.

Nous nous sommes mariés deux ans plus tard. En nous installant à Paris, nous nous étions promis de déménager pour Copenhague quelques années plus tard (ce que nous n'avons pas fait). Quand notre fils est né, nous l'avons baptisé Antoine.

Lars ne me tient aucune rigueur. Aucune rigueur de rien. Il semble ne pas s'apercevoir que j'égare mes affaires, que je suis incapable de remplir un formulaire de sécurité sociale, que je suis la plupart du temps absente à ce que je fais, et parfois absente à ceux que j'aime. Il tolère mes voyages, mes silences et mes accès de mélancolie. Il est lui-même très lunaire. Je n'ai aucune crainte de le perdre, lui, peut-être est-ce parce que nous avons tous les deux une si grande habitude de la perte. Nous nous aimons d'un amour continu, distrait et sans condition.

Un livre mince, étroit et long

Aujourd'hui, je n'ai pris qu'un livre. Souvent, je veille à en garder deux ou trois sous la main. C'est la raison pour laquelle je les choisis minces. Parfois, je garde un livre dans la poche de mon manteau et un autre dans mon sac. J'ai besoin d'avoir un livre sur moi parce que je ne peux pas prévoir ce qui me passera par la tête. Je peux être prise par une grande tristesse, une grande colère, une grande peur. Rien n'est plus pénible que d'être possédé par des émotions que l'on n'a pas appelées et dont on ne veut pas. Je dispose d'un certain nombre de tactiques de diversion (ce sont des exercices assez austères). Elles m'aident à fixer ma pensée sur des objets anodins. Malheureusement, elles ne sont pas toujours efficaces. Dans ce cas, il est important que je puisse disposer d'un livre, et même de plusieurs. Quand je sors de chez moi, après avoir enfilé ma veste ou mon manteau, j'en saisis un au passage, parmi ceux qui s'entassent sur les rayonnages d'une bibliothèque désordonnée.

Je n'ai aucun mal à me laisser happer par ce qui est écrit. Les mots me prennent, ils agissent sur moi, plus vite que des cachets de sédatifs. Je suis face à eux sans défense. Voilà pourquoi aussi je prends les choses écrites au sérieux. Voilà pourquoi je ne peux pas tout lire. Aujourd'hui, j'ai emporté avec moi un livre d'Annie Ernaux *(La honte)* et un livre de John le Carré *(Les gens de Smiley)*.

Une médaille de saint Christophe, floquée dans une carte plastifiée

La carte porte mention d'une fabrication au Canada. Mais je crains que les petites pièces aient été réalisées en Chine, ou au Mexique. Et que le Canada se soit contenté de les assembler. Je l'ai trouvée à Fourvière, ce même jour où j'ai acheté la bougie de saint Antoine de Padoue. Côté face, saint Christophe, comme son nom l'indique, porte le Christ (sur l'épaule gauche). À la main droite, il tient un bâton de bois sur lequel il s'appuie. Il a beau tourner la tête vers l'enfant juché sur son épaule, on voit au mouvement de son corps qu'il marche vivement. Je me dis qu'il ferait bien de regarder où il met les pieds. À côté de Christophe, figurent en frise les principaux moyens de transports, rangés en fonction de leur volume (c'est ce que je suppose), un avion, un paquebot, un train, une voiture, une moto. Côté pile, on peut lire la prière qui lui est adressée, au titre de Saint Patron des Voyageurs. Elle demande à Dieu, par son intermédiaire, de protéger le détenteur de cette carte, de son départ jusqu'à son retour. Cette carte ne me quitte jamais. Plutôt que de la perdre, je préfèrerais perdre mon passeport, et mille fois. La médaille est incluse dans la carte, sous un opercule de plastique. Si je le souhaitais, je pourrais la détacher et la porter à mon cou. Mais j'aime autant me balader avec la carte toute entière.

Cette carte dit : « Demande à notre Dieu très bon et tout puissant, qui a envoyé ses anges pour nous garder et nous protéger, de faire de ces derniers nos compagnons assidus de notre départ jusqu'à notre retour. Qu'ils nous couvrent de leur protection invisible, qu'ils nous gardent de tout risque de collision, d'incendie, d'explosion, de chute ou de blessure. Enfin, lorsqu'ils nous auront préservés de tout mal, qu'ils nous guident vers notre demeure sains et saufs. »

Je ne vois rien d'excessif à considérer sa vie comme un voyage. Rien d'abusif à craindre les collisions, les incendies, les explosions, les chutes et les blessures. Les trahisons. Les enlèvements. Les coups de feu dans la nuit. J'ai eu besoin plus que d'autres des faveurs de la fortune. Saint Christophe ne m'a pas lâchée. C'est la raison pour laquelle je garde avec moi sa médaille, avec mon rouge à lèvres, mon pétale de géranium, mon téléphone portable et la photo du frère de madame Labret.

LARS

Un sac à main, de marque italienne

J'ai acheté ce sac à Milan, dans une boutique de luxe. Pour m'aider dans mon choix, j'ai demandé à une collègue française de m'accompagner. Elle a pris sa tâche au sérieux et m'a posé de nombreuses questions. À qui ce sac était-il destiné ? Portait-elle des couleurs vives ? Se maquillait-elle ? Était-elle très féminine ? Plutôt classique ? Sportive ? Aimait-elle sortir ? Voyager ? Était-elle soigneuse ?

Tout en cherchant les réponses les plus justes, je me suis rendu compte que je n'avais pas une image très précise de ma femme. Tout ce qui me venait relevait du sentiment. Spontanément, je l'aurais décrite comme « très féminine ». Pourtant, mes réponses aux questions suivantes invalidaient ce que je venais d'affirmer : elle se maquillait rarement, n'accordait pas une grande importance à ses vêtements, ni à sa coiffure. Ce que je savais de ma femme, et qui tenait de l'intime certitude, contredisait ce que je pouvais en dire publiquement. Ma collègue, qui est une personne expérimentée, ne s'est pas arrêtée à mes hésitations. Comme tous les hommes, a-t-elle conclu, je connaissais mal ma femme. J'ai pris la remarque à la légère et nous avons ri ensemble de cette étourderie si typiquement masculine, qui fait qu'on affirme aimer sans réserve des êtres qu'on s'avère incapable de décrire.

Nous nous sommes décidés pour un sac de taille moyenne, susceptible de contenir un ou deux documents, mais certainement pas plus. Il pourrait venir en appoint de la sacoche qu'elle emportait quand elle donnait cours. Elle y mettrait ce que les femmes jugent nécessaires d'avoir à portée de main. J'imagine qu'il y a une histoire culturelle du sac, qui puise à des sources anciennes – migrations, guerres, exodes... Les femmes ne se séparent jamais d'un bagage hétérogène parce qu'elles gardent la trace des temps où elles n'étaient pas sûres de pouvoir rentrer chez elles. Elles ont à charge de conserver en permanence, et pour toute la tribu, un minimum alimentaire, historique, religieux... Si j'en reste à une approche plus contemporaine, je constate aussi qu'elles sont nombreuses à approvisionner leur foyer. Un sac bien proportionné doit donc pouvoir contenir un journal, une demi-baguette et une boîte de pansements. Le sac que nous avons choisi offrait une contenance suffisante sans être excessive. Il était élégant. Il avait, disait ma collègue, ce cuir, cette découpe et cette couture classiques qui lui permettrait d'acquérir, au fil des années, une jolie patine.

Ma femme a accueilli mon cadeau avec stupéfaction. Elle voulait comprendre ce que signifiait un présent que rien ne justifiait, ni Noël ni anniversaire. Elle soupçonnait des raisons secrètes, et refusa de me croire quand j'ai évoqué le seul désir de lui faire plaisir (parce que je l'aimais). Elle semblait dubitative mais elle m'a remercié et embrassé, et elle a adopté le sac le soir même. Je ne me souviens pas d'un jour où elle ne s'en serait pas servie. (Je fais une exception pour les jours de vacances, quand nous sommes à la plage, quand nous nous promenons dans la montagne.)

Curieusement, alors même qu'elle l'avait fait sien, ce sac n'a jamais cessé d'être aussi le mien. Il m'est arrivé plus d'une fois de profiter de son sommeil ou de son inattention pour en faire l'inventaire. Je m'enfermais alors dans une pièce, pour être certain qu'elle ne me surprendrait pas. Je vidais le sac et j'examinais un à un les objets qu'il contenait, avant de tout remettre en ordre. Je le déposais ensuite discrètement là où je l'avais trouvé.

Je n'ai jamais cherché à découvrir sur ma femme quelque chose qu'elle m'aurait caché. Je n'ai jamais été tourmenté par l'idée qu'elle puisse aimer un autre homme que moi. Notre amour n'est pas de ceux que l'on peut multiplier au cours d'une vie. Il est à la fois trop vague et trop vaste pour permettre une concurrence. Quant à ce qu'on appelle ici les « aventures », je ne tenais pas à être informé de leur éventuelle existence. Il y a plus d'émotion à imaginer ces épisodes qu'à les vivre. Le plaisir dont on crédite l'autre est souvent plus grand que celui qu'il prend. Mais sans être jaloux, je suis irritable. Je ne tiens pas à être encombré par l'évocation de ses possibles passades, lumière déplaisante de maigres étoiles mortes.

L'excitation et le plaisir que j'avais à glisser la main dans le sac de ma femme tenaient moins de l'enquête de moralité que de l'émoi érotique. Enfermé à l'abri des regards, respectueux mais fermement décidé, j'avais le cœur battant et la gorge serrée. J'avançais doucement dans l'inventaire, pénétré d'amour et curieux, rempli de l'espoir de la voir se découvrir enfin tout entière, déshabillée d'elle-même.

J'ai aimé ma femme dès le premier jour, et je n'ai cessé de l'aimer depuis. Je l'ai aimée autant pour ce qu'elle me montrait d'elle-même que pour ce qu'elle me dissimulait. J'ai longtemps pensé que mon attirance pour la part mélancolique, la part mystérieuse de son être appartenait aux banalités de l'amour. En somme, je me méfiais si fort des puissances de l'imagination, je bridais mon intuition si serré, que j'ai ignoré tous les signes qu'elle m'abandonnait, rangés dans le sac, à seule fin – c'est ce que j'ai fini par me dire – de m'alerter.

Il y a eu un appareil photo numérique, un modèle minuscule et probablement extrêmement coûteux, dont elle ne m'a jamais parlé, qu'elle n'a jamais utilisé devant moi et que je n'ai jamais revu. Il y a eu les coordonnées d'un compte en banque, émises par un établissement situé au Luxembourg. Il y a eu aussi – ce qui m'apparaît maintenant comme une provocation – des photos d'inconnus. Rien, pourtant, de ce qui pouvait créer le soupçon n'était jamais confirmé. Aucune piste n'était suivie. La lecture de son agenda n'offrait pas de surprise. Horaires des cours, départs et retour de voyages d'études, invitations à dîner chez des amis... je savais tout cela, jusqu'à l'ennui. Il arrivait que des plages, par demi-journées entières, restent vierges, sans plus de précision. Mais c'était tout, et c'était peu.

– Penses-tu, m'a demandé ma femme un matin d'automne, alors que je me préparais pour partir au travail, penses-tu me connaître ?

– Oui. Je ne connais sans doute pas tout, mais je connais l'essentiel. Je connais ce que j'aime et j'aime ce que je connais.

Elle a baissé la tête.

– M'aimerais-tu toujours si tu savais que je te mens ?

Elle avait pris une voix d'enfant. J'ai ri et je suis allé vers elle pour l'embrasser. Mais elle s'est reculée et elle a tendu le bras, qu'elle a gardé comme un obstacle, comme un avertissement entre nous.

– Je t'aimerais toujours, ai-je répondu, et j'étais tout à fait sérieux.

Elle a hoché la tête mais elle avait le regard triste. Elle m'a donné rendez-vous le soir même au bar d'un hôtel luxueux et désuet. Notre fils Antoine dormirait chez des amis. Elle avait à me parler, elle préférait que nous fussions seuls, elle préférait que nous fussions hors de chez nous.

J'ai connu, toute cette journée, une peur proche de la terreur. Sans idée de ce qui me menaçait, j'étais dans l'impossibilité d'élaborer la moindre stratégie de défense. S'il m'arrive de me montrer distrait ou hésitant, j'ai appris à traiter avec la réalité. Rien ne m'effraie de ce que je peux connaître, ou de ce que je peux dire. C'est l'inconnu qui me paralyse. L'innommé.

Dans l'attente, revenant sur les certitudes qui avaient jusque-là fondé ma vie, j'ai pensé à l'avènement d'un autre amour. Il avait profité de ma distraction pour naître et mûrir. Le temps était arrivé des séparations et des départs, c'est à ce type de confession que je me préparais. Tous les amours meurent, il faut en prendre son parti. Je m'étais enfermé trop longtemps dans le déni, je devais désormais me montrer raisonnable. J'allais donc me retrouver en France, ce pays que j'avais adopté sans l'aimer, solidement ficelé à ses clochers et à sa tour Eiffel. Mon petit garçon avait grandi dans cette langue liquide, ces rues pétrifiées, et ce mélange de prétention, d'inconstance et de cruauté qu'on appelle l'esprit français. C'est là que sa mère allait m'abandonner, tout à l'heure, quand nous serions enfoncés face à face dans des fauteuils rouges trop grands pour nous.

Elle a posé sa main sur la mienne, cette main qu'elle avait, dans la matinée, dressée comme une menace.

– D'abord, a-t-elle commencé, j'ai pensé à t'écrire. Je me disais qu'une lettre te faciliterait la tâche. Tu aurais pu la relire calmement, l'assimiler, et me poser des questions, ensuite.

J'ai ôté ma main. Je ne voulais pas de sa pitié.

– Je n'aurais pas aimé la lettre, ai-je remarqué. Écrire est une lâcheté.

La « lâcheté » l'a piquée. Elle s'est reculée dans son fauteuil.

– Pourquoi maintenant ? ai-je demandé. Pourquoi pas plus tard ? Ou plus tôt ?

– Parce que je viens d'en avoir l'autorisation.

Elle s'est mise à rire et elle s'est penchée vers moi, par-dessus la table.

– J'ai le droit de te parler, a-t-elle dit très vite, comme si elle me donnait l'explication que j'attendais.

Je l'ai regardée avec effroi. Elle était devenue folle et je venais de m'en apercevoir. Elle s'est approchée, encore, si près qu'elle murmurait à mon oreille.

– J'ai travaillé pour le renseignement.

Je suis resté muet. Je l'ai regardée fixement. Je pensais aux renseignements téléphoniques.

– Lars, j'ai travaillé pour les services de renseignements français. Pour l'espionnage.

Elle a répété :

– Pour les espions, Lars. Je voulais te le dire, je voulais que tu le saches.

J'ai vu passer devant mes yeux le petit appareil photo numérique, les photos des inconnus, le compte en banque luxembourgeois. Effectivement, c'était tout simple. Les gens que vous aimez ne ressemblent pas tout le temps à l'idée que vous vous faites d'eux. Quand vous n'êtes pas en leur compagnie, ils vivent si loin de vous qu'ils pourraient être, aussi bien, une autre personne. La distance étant infranchissable, le mieux serait encore de l'ignorer. Ce n'est pas toujours possible.

– Je ne t'en demandais pas tant, ai-je répondu. Nous vivions très bien sans savoir. Ou plutôt : je vivais très bien.

– Ce n'est pas vrai. Tu m'a soupçonnée. Tu fouillais mes affaires, sans cesse, ces derniers mois.

J'ai réfléchi. Je n'avais jamais ouvert ses tiroirs, ni même les portes de ses armoires. Jamais décacheté une lettre qui lui était destinée. Jamais tenté d'intercepter une conversation téléphonique sur le poste de notre chambre.

– Pure paranoïa, ai-je constaté avec une placidité que j'aurais aimée cruelle. Sans doute une maladie professionnelle.

Très curieusement, je n'ai pas pensé à son sac à main.

– Quand ? ai-je fait.

J'espérais encore vaguement qu'elle allait éclater de rire et se rétracter. J'espérais qu'elle s'amusait de moi, que nous en ririons bientôt tous les deux. Alors, je rentrerais avec elle à l'appartement, et tout serait fini. Mais je n'étais plus sûr de rien. Alors, en attendant, j'ai pris le parti de collaborer. À quoi bon se débattre ? J'étais pris dans cette conversation absurde comme un moucheron dans une toile d'araignée. Si je me tenais tranquille, avec un peu de chance, elle irait se perdre dans ses propres labyrinthes.

– Quand ?

– Toutes ces années.

– Combien d'années ?

– Six ans… Non, sept.

J'ai haussé les épaules, avec une moue appréciative. J'essayais de prendre les choses à la légère, par désir d'élégance. Mais l'exaspération et la rancœur faisaient cligner mes paupières.

– Sept ans. Parfait. Antoine était donc né. Antoine était déjà un petit bonhomme. On ne peut pas dire que ça t'ait freinée. On ne peut pas dire que tu te sois beaucoup inquiétée de nous. J'aurais peut-être mérité qu'on me demande mon avis.

Elle me regardait avec une sorte de lassitude, comme si rien de tout cela ne la concernait réellement. Comme si elle devait détailler pour un abruti le cahier des charges de la maintenance dans un hall d'aéroport.

– Si on accepte, on ne parle pas. Comme pour un secret médical, si tu veux.

– On ne parle pas jusqu'à ce qu'on vous accorde le droit de parler, ce qui revient à empoisonner deux fois la vie de ses proches, par le mensonge d'abord et puis par la confession…

– OH ! TAIS-TOI !

Aux tables voisines, des buveurs tardifs ont levé vers nous des yeux étonnés. Ils n'étaient pas mécontents de l'éclat, mais curieux. Voyant que rien ne suivait, ils sont retournés à leurs conversations, nous abandonnant l'un à l'autre. Je voulais comprendre ce qu'elle avait fait, pendant ces sept ans où elle m'avait trompé, mais elle n'avait sans doute pas le droit d'être précise. Elle pouvait dire, mais pas tout dire. C'était horripilant.

– J'ai fait ce qu'on me demandait. De l'information.

J'ai enseigné partout. Pas seulement dans les lycées. J'ai été envoyée dans des écoles de police, dans des centres de formation militaire. J'ai donné des cours individuels à des personnalités qui, si elles avaient toutes du pouvoir, n'étaient pas toutes du même bord. J'ai assisté des interprètes dans des négociations périlleuses, où chaque mot pèse son poids d'espoir et de menace. On me demandait de garder les yeux ouverts, de me souvenir, et de transmettre. Je transmettais.

– C'EST TOUT ?

Cette fois, le cri était à moi. Nos voisins ont à tourné la tête, avec un sourire d'approbation. Je devais avoir l'air furieux (ce que j'étais en partie, furieux et désarmé). Elle avait le visage de plus en plus malheureux, ses yeux se sont emplis de larmes.

– Presque tout…

– Mais pourquoi toi ?

Je la regardais avec des yeux de recruteur. Elle était liante et anodine. Que lui avaient-ils trouvé, que je ne voyais pas ?

– Parce que je pouvais le faire. On ouvre plus facilement les portes à celui vient pour enseigner. On lui fait confiance. Il arrive même qu'on se lie d'amitié. Et puis, je ne restais jamais très longtemps au même endroit. J'allais, je revenais. Comment me soupçonner ? La première personne qui m'a contactée m'a dit que je pourrais faire un bon agent de liaison. J'apporterais de toutes petites pièces. Mais elles auraient leur utilité dans le grand puzzle. Les premières pièces ont intéressé. On m'en a demandé d'autres.

– Et tu les as données ?

– Je n'ai jamais rien proposé, Lars. C'est eux qui sont venus me chercher. C'est eux qui m'ont relancée.

J'ai pris ses mains sous la table.

– Et tu aimais faire ça ? Regarder les gens, enregistrer, trahir leurs secrets ?

– C'était pour les protéger. C'était pour nous protéger, tous. C'était ce que je me disais.

Une larme s'est détachée de l'œil. Elle a descendu la joue, lentement, jusqu'à la commissure des lèvres.

– Tu te fous de moi ?

– Ma femme, ai-je dit le lendemain matin en me regardant dans le miroir de la salle de bains, ma femme est une espionne.

Le miroir n'a rien dit. Il m'a laissé tout seul avec ma stupéfaction. Mais je n'avais personne d'autre à qui me confier.

– Promets-moi de garder tout ça pour toi, m'avait-elle demandé.

À qui voulait-elle que je parle ? Je n'ai pas tant d'amis. Et je ne tiens pas à passer pour une figure de foire auprès de ceux auxquels je tiens.

– Ma femme croit qu'elle a contribué à rassembler des renseignements utiles pour empêcher des attentats, pour prévenir des guerres, pour déjouer des manipulations. Ma femme pense qu'elle a mérité sa place dans l'Histoire. Ma femme m'a menti pendant sept ans.

Elle a frappé à la porte de la salle de bains.

– Ma femme, ai-je crié assez fort pour qu'elle l'entende, m'a menti pendant sept ans.

– Ce n'est pas vrai, a fait sa voix de l'autre côté de la porte. Je n'ai pas menti. Pas à toi.

– Je ne te fais pas la tête, ai-je dit un peu plus tard dans la journée. Je réfléchis.

– Tu réfléchis à quoi ?

– À ce que je vais faire maintenant.

– Nous allons déménager. Nous allons quitter la France.

Où aimerais-tu vivre ?

– À Copenhague. Mais je ne sais pas si je veux vivre avec toi.

Je n'aimais pas beaucoup cette nouvelle femme qui s'était imposée dans ma vie la veille au soir, sans que j'aie eu mon mot à dire. Je n'aimais pas l'idée qu'elle avait vécu cette vie – dont j'ignorerais toujours l'essentiel, qu'elle continuerait à me cacher par devoir. Je préférais l'ancienne, celle qui perdait ses clés, celle qui cachait ses larmes au cinéma. Je ne fais pas partie des gens que le mystère enivre. Je suis d'un naturel doux. Je suis séduit par la transparence, la patience et l'étourderie.

– Qu'est-ce que ça change ?

Elle avait adopté une petite voix plaintive. Comme je ne répondais pas, elle a insisté.

– J'aurais aussi bien pu ne rien te dire. J'ai eu le droit de te parler, je n'y étais pas obligée.

Je ne disais toujours rien, alors elle est venue se planter sous mon nez.

– Rien ne change, a-t-elle crié. Tout est pareil, imbécile. Je suis la même.

– Comment veux-tu que je te croie ?

À Bruxelles, à Strasbourg, à New York, on s'en méfiait ou on s'en amusait. Il ne fallait pas longtemps pour le savoir.

Dès mon premier poste, on m'avait averti. Les Français ne sont pas fiables, et leur parole ne vaut pas grand-chose. C'est un travers national que nous, protestants, attribuons volontiers à leur conscience catholique, et à leur vénération désuète pour le roman. Leurs ambassades – et cette pléthore de services plus ou moins culturels dont ils peinent à se débarrasser – sont remplies de preneurs de notes, de relais d'informations. Ils en ont fait une spécialité : l'expatrié français écrit, c'est plus fort que lui, de la littérature ou des fiches, et si possible les deux. Tout ce manège remonte à Voltaire, à la nuit des temps. Il n'y a aucune chance de s'en débarrasser. Les Anglais ne sont pas moins traîtres (et l'anglicanisme doit y être pour quelque chose). Mais leurs espions ont une autre envergure et passent pour plus respectables. Leur manie aristocratique, peut-être, leur goût de la terre brûlée. Rien à voir avec cette bureaucratie papelarde qui se pratique du côté français. Je n'aurais pas dû me montrer si surpris que ma femme ait participé à une passion nationale. Tout cela était aussi de ma faute. J'aurais dû la soupçonner plus tôt.

– Pourquoi aurais-je refusé, dès lors qu'on me le demandait ?

– Par honnêteté.

– Où est la malhonnêteté ? Je travaillais pour mon pays.

– Par honnêteté vis-à-vis de moi.

– Je ne t'ai pas tout dit. Mais je ne t'ai pas menti.

– Par honnêteté vis-à-vis d'Antoine.

– Il y a un compte, à son nom, qui travaille dans une banque. Une assurance-vie.

– C'était le prix ?

– Une partie. L'autre partie est une promesse. Si je veux m'installer demain à Copenhague, à Lisbonne, ou à Louisville, on me trouvera un poste. Je peux partir. Nous pouvons partir, toi, Antoine et moi.

– C'est ton service qui t'a virée ?

– J'ai demandé à quitter.

– Pourquoi ? À moins que tu n'aies pas le droit de…

– Il arrive qu'à la longue, on soit entraîné, comme par un courant marin, de plus en plus loin, et qu'on sente venir la noyade. J'ai perdu pied, j'ai eu peur. J'ai voulu revenir auprès de vous. Ils n'ont pas insisté. Ils savaient à quoi s'en tenir.

Le soir, je me suis assis sur le bord de notre lit. Elle avait laissé son sac par terre, à côté de sa table de chevet. Je l'ai pris sur mes genoux. Je me fichais qu'elle entre dans la chambre et qu'elle me voie. J'étais son créancier. J'ai ouvert le sac et j'en ai sorti les objets. Je les ai examinés, un à un, comme je l'avais fait si souvent dans ce qui était devenu, en l'espace d'une nuit, l'« avant » de mon amour. Un bâton de rouge à lèvres, un trousseau de clés, un bon de commande, une liste de courses. Au fur et à mesure que je les alignais sur le lit devant moi, l'ancienne émotion revenait. Il s'agissait d'une émotion très profonde. Déserté par la pensée, j'étais envahi par le désir de poser mes mains sur cette femme, comme je les posais sur les objets qui lui appartenaient. Je voulais la saisir, en mener l'inventaire, et la disposer à ma guise.

– Tu fouilles dans mon sac, a-elle constaté.

Elle était entrée dans la chambre. Elle s'est assise à côté de moi.

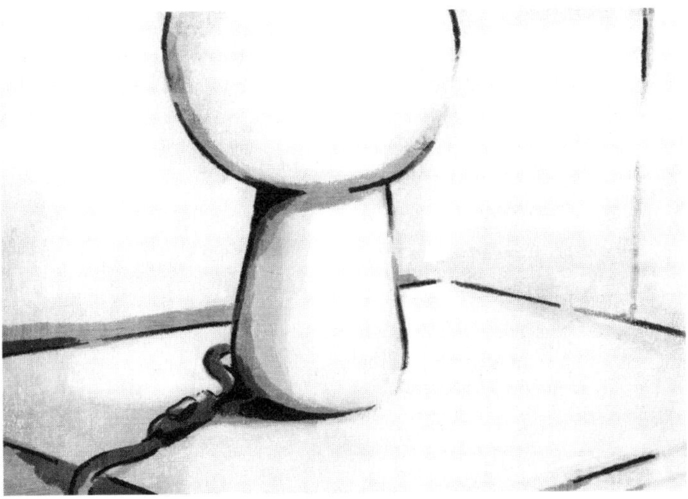

– Ce n'est pas la première fois, a-t-elle ajouté. Tu es l'espion de mon sac.

– C'est idiot, ai-je dit. Je n'ai plus de comptes à te rendre.

Elle a insisté.

– De toutes petites pièces complèteront un grand puzzle.

Je ne lui ai pas répondu. J'ai posé, à côté de sa cuisse, un tampon, son passeport, son téléphone portable.

– Tu cherches à faire parler les choses ?

– Quelque chose comme ça.

– Tu veux de l'aide ?

– Si tu arrives à dire la vérité.

– Toute la vérité ?

– Je n'en demande pas tant, ai-je fait. Je ne suis que ton mari. Mais un peu de vérité, oui, si tu en es capable.

– Très bien. Mais ensuite, tu ne te fâcheras plus de rien et tu m'aimeras.

– Je ferai mon possible.

– Quoi que je dise.

– Quoi que tu dises.

– Jure-le.

– Je le jure.

– Alors, il faut que tu m'écoutes, et que tu n'oublies pas de m'aimer. Je commence. Un bâton de rouge à lèvres…

DANS LA MÊME COLLECTION

Francis Dannemark, Chris De Becker et Yves Fonck
L'homme de septembre

Franz Bartelt et Johan De Moor
Terrine Rimbaud

Achevé d'imprimer en août 2004
sur les presses de Snel Graphics à Liège
pour le compte de Estuaire,
10 rue du Cimetière
B-7522 Blandain - Tournai
Belgique.

www.estuaire.be

ISBN 2-87443-002-1
D/2004/10.229/2